Schule der RHETORIK

Ein Lese- und Arbeitsbuch

von Stephan Gora

Ernst Klett Schulbuchverlag Leipzig
Leipzig Stuttgart Düsseldorf

Gedruckt auf Papier aus
chlorfrei gebleichtem Zellstoff,
säurefrei.

1. Auflage A 1 5 4 3 2 1 | 2005 2004 2003 2002 2001

Dieses Werk folgt der reformierten Rechtschreibung und Zeichensetzung.
Ausnahmen bilden Texte, bei denen lizenzrechtliche Gründe einer Änderung entgegenstehen.
Alle Drucke dieser Auflage können im Unterricht nebeneinander benutzt werden, sie sind untereinander unverändert. Die letzte Zahl bezeichnet das Jahr dieses Druckes.

Internetadresse: http://www.klett-verlag.de

Redaktion: Jens Kapitzky
Gestaltung/Satz: Kassler Grafik Design, Leipzig
Druck: Druckhaus Vogel GmbH, Leinfelden Echterdingen

ISBN 3-12-350271-6

Inhalt

Erfolgreich sprechen mit einfachen Regeln

Aus Fehlern lernen – neun missglückte Redesituationen

Viele Menschen fühlen sich beim Sprechen vor anderen unsicher oder sie wissen nicht, wie sie ihre Gedanken gliedern oder geschickt ausformulieren können; andere sind mit ihrer Rhetorik nicht zufrieden und suchen nach Anregungen und Anleitungen um ihre Redefähigkeit zu verbessern. In all diesen Fällen gilt: Unsicherheiten kann man bewältigen, Kenntnisse kann man sich aneignen, aus Fehlern kann man lernen. Man muss auch nicht erst alle Fehler selber machen um daraus eigene Erfahrungen und Regeln abzuleiten. Vieles lernen wir durch Beobachtung und durch Lektüre.

a

In den folgenden Situationen sind typische Fehler dargestellt, wie sie in Reden oder alltäglichen Sprechsituationen vorkommen.
Bitte analysieren Sie:

- Welche Fehler werden gemacht und sollten besser vermieden werden?
- Welche Tipps lassen sich daraus ableiten?
- Welche Fehler möchten Sie selbst künftig vermeiden und welche Regeln und Empfehlungen wollen Sie bei Ihren Reden beachten?

Peter ...

aus der 7. Klasse möchte in Geschichte seine Note verbessern. Deshalb vereinbart er mit dem Fachlehrer ein Referat über den »Totenkult bei den Ägyptern«. Er lässt sich dabei von seiner älteren Schwester helfen, die Geschichte studiert und sich bei diesem Thema super auskennt. Peter hat nicht alles verstanden, was seine Schwester ihm aufgeschrieben hat. »Das merkt doch niemand«, denkt er aber bei sich, »ich lese das Referat ja sowieso ab. Hauptsache, der Lehrer hat einen guten Eindruck von mir. Also, eine Zwei sollte schon dabei herausspringen.«

Franziska ...

studiert im dritten Semester Betriebswissenschaft. Mit dem Dozenten hat sie ein Referat über die »Chancen der Globalisierung« vereinbart. Nach intensivem Studium der Fachliteratur und zahlreichen Vor-Ort-Recherchen wächst ihr Referat auf einen 90-Minuten-Vortrag an und überschreitet damit deutlich das gesetzte Zeitlimit. Ihre Bedenken wischt sie mit der Überlegung weg: »Jetzt habe ich mich so lange vorbereitet und die Materialien sind wirklich gut, wäre doch schade, wenn ich mir die Arbeit umsonst gemacht hätte ...«.

Im Jugendklub »My Generation« ...

soll ein Vortrag stattfinden. Damit möglichst viele Jugendliche angelockt werden, findet vor, während und nach dem Vortrag auf der Wiese vor dem Jugendklub ein Grillfest statt. Der Referent, der sich wirklich gut auskennt und von seiner Sache auch überzeugt ist, wundert sich, dass zu diesem interessanten Thema keine Zuhörer erschienen sind. Das Thema seines Vortrags lautet »Vor- und Nachteile einer Lebensversicherung«.

Frau Diepkow, ...

die Ausbildungsleiterin einer Bank, hält in feierlichem Rahmen eine Rede zur Verabschiedung der Auszubildenden. Fast alle Auszubildenden konnten bei der Bank selbst oder anderen Geldinstituten übernommen werden. Als sie über den soliden Ausbildungsstand und die guten Zukunftschancen spricht, ruft einer der Absolventen, sichtlich verärgert, dazwischen: »Beim Arbeitsamt!«
Erschrocken und verärgert über den ihr peinlichen Zwischenruf beendet die Ausbildungsleiterin ihre Rede mit der Bemerkung: »Ich glaube, dies ist nicht der Ort für solche Bemerkungen!«, und verlässt den Saal.

Sabine …

ist vor ihrem ersten Bewerbungsgespräch bei einem größeren Labor für Zahntechnik verständlicherweise sehr aufgeregt. Was sie alles sagen möchte um einen guten Eindruck zu hinterlassen, hat sie sich daher genau aufgeschrieben und auswendig gelernt. Sie ist sehr ehrgeizig und schämt sich ein wenig, dass ihr Vater seit einiger Zeit arbeitslos ist und ihre Mutter als Küchenhilfe arbeitet. Als der Firmeninhaber fragt, warum sie sich gerade bei seiner Firma bewerbe, spult sie das Auswendiggelernte ab: »Schon im Biologie-Unterricht hatte ich mich immer brennend für die Anatomie des Menschen und besonders für sein Gebiss interessiert, schließlich ist die Nahrungsaufnahme ja von größter Bedeutung für die Gesundheit …« Nach einer Weile wird sie unterbrochen und, weil der Chef hierzu im Lebenslauf der Bewerberin keine Angaben findet, nach dem Beruf der Eltern gefragt. Deutlich irritiert antwortet Sabine: »Ich habe gelesen, dass ich hierzu keine Aussage machen muss!«

Architekt Chip …

hat an einem Seminar über Präsentationstechniken teilgenommen und dabei ein Computerprogramm kennen gelernt, mit dessen Hilfe sich Folien über einen Beamer an die Wand projizieren lassen. Mit großem Eifer erstellt er nun für die Vorstellung eines wichtigen Bauvorhabens auf dem Computer Dutzende von Folien um die Vorteile seines Entwurfs anschaulich zu visualisieren. Bei dem Vortrag vor dem Gemeinderat seiner Stadt starrt er auf den Monitor seines Laptops und konzentriert sich ganz auf die perfekte Präsentation.

Herr Habermann …

hat sich auf seinen Vortrag sehr gut vorbereitet, hat sogar noch einen Rhetorikkurs besucht um seinen Auftritt zu meistern. Er spricht über das Thema »Die Kirche gibt jedem Menschen Halt.« Während seiner Rede verbreitet sich unter den Zuhörern das Gerücht, er sei vor Jahren aus der Kirche ausgetreten. Auf die Nachfrage einer Zuhörerin muss er schließlich zugeben, dass er nicht mehr der Kirche angehöre.
Die Zuhörer gewinnen den Eindruck, dass er den Vortrag nur gehalten hat, weil er sich davon berufliche Vorteile verspricht.

Frau Sprudelmeier …

redet gerne öffentlich. Endlich kann sie sich einmal ihren Ärger von der Seele reden. Ihr Vortrag wirkt immer recht lebhaft, denn sie erzählt fast nur von ihren Erlebnissen und Erfahrungen. Irgendwie schafft sie es immer, vom eigentlichen Thema das herauszufiltern, was für sie daran wichtig ist. Dabei ist es ihr egal, ob ihre Ausführungen für die Zuhörer wirklich so interessant sind. Erst einmal richtig in Fahrt gekommen, verliert sie das eigentliche Thema schnell aus den Augen.

Eine hochkarätige Autorin …

mit Sachverstand und Stilgefühl ist angekündigt. Durch zahlreiche Buchveröffentlichungen hat sie sich einen Namen gemacht, ihre Thesen werden überall heftig diskutiert. Im Saal herrscht große Spannung. Sie tritt ans Redepult, entfaltet ihr Manuskript und liest mit leiser Stimme und ohne die Zuhörer anzuschauen aus ihrem demnächst erscheinenden Buch vor.

Welche Fehler sollten die Personen in den vorliegenden Fällen Ihrer Meinung nach unbedingt vermeiden? Welche Regeln oder Ratschläge sollten Peter, Franziska und die anderen beachten? Das folgende Spaltenschema bietet sich an, um die einzelnen Fälle stichwortartig auf den Punkt zu bringen und zu systematisieren.

Vermeiden sollte ...	Tun oder beachten sollte ...
Peter ...	
Franziska ...	
Versicherungsreferent ...	
Ausbildungsleiterin Diepkow ...	
Sabine ...	
Architekt Chip ...	
Herr Habermann ...	
Frau Sprudelmeier ...	
die Autorin ...	

Vielleicht fallen Ihnen aus Ihren persönlichen Erfahrungen heraus weitere typische Fehler und die entsprechenden Anregungen für ein erfolgreiches Sprechen ein. Halten Sie daher auch stichwortartig fest, was für Sie persönlich gilt.
(Lösungsvorschläge finden Sie am Ende des Buches auf Seite 103)

Ich möchte künftig vermeiden:	Daher sollte ich tun / beachten ...

Exkurs: Demosthenes – vom Stammler zum wirkungsvollen Volksredner

Als um 350 v. Chr. die Makedonen die Unabhängigkeit der griechischen Stadtstaaten und damit deren Freiheit bedrohten, entwickelte sich Demosthenes zum bedeutendsten attischen Redner und Staatsmann seiner Zeit. Später galt er als der berühmteste Redner der griechischen Antike.

Dieser Erfolg war ihm aber keinesfalls in die Wiege gelegt.

Demosthenes wurde 384 v. Chr. in der Nähe von Athen geboren; mit sieben Jahren verlor er seinen Vater, der es als mittlerer Unternehmer mit rund 50 Arbeitern – u. a. durch Waffengeschäfte – zu einem ansehnlichen Wohlstand gebracht hatte. Die Vormünder jedoch brachten das Vermögen durch. Erst als Volljähriger konnte Demosthenes sie verklagen; er gewann zwar immerhin einen kleinen Teil der Mittel zurück, musste aber in der Folgezeit seinen Lebensunterhalt als Verfasser von Prozessreden bestreiten.

Demosthenes hatte offensichtlich einen Sprachfehler, den er mit eigens hierzu entwickelten Übungen selbst therapierte: So soll er mit Kieselsteinen im Mund seine Aussprache verbessert und seine Stimme gekräftigt haben, indem er das Rauschen der Brandung zu übertönen versuchte. Durch diese Zungen- und Atemgymnastik entwickelte er sich – seinem Handicap zum Trotz – zu einem stimmgewaltigen Volksredner. Später soll er seine großen Reden vor dem Spiegel eingeübt haben. Der Spiegel gab ihm beim Probesprechen ein erstes Feedback.

Nachdem er sich als Redenschreiber und Anwalt einen Namen gemacht hatte, wechselte er in die Politik über. In der Auseinandersetzung mit König Philipp II. von Makedonien, den er als Bedrohung für die Unabhängigkeit und Freiheit der griechischen Stadtstaaten ansah, entwickelte er seine staatsmännischen und rhetorischen Fähigkeiten. Um die kriegsmüden Athener zum Widerstand gegen den Makedonenkönig aufzurufen, griff er diesen in den philippischen und olynthischen Reden hart an; seitdem ist mit der Redewendung »eine Philippika halten« eine Kampfrede gemeint, die auch vor persönlichen Angriffen auf den Gegner nicht zurückschreckt. Bei anderen Gelegenheiten bemühte sich Demosthenes allerdings auch um gewaltfreie Lösungen. So gehörte er nach der Zerstörung Olynths einer Delegation an, die einen Frieden zwischen Athen und Makedonien aushandeln sollte. Und später gelang es ihm, in einem sensationellen Rededuell gegen die makedonischen Gesandten die ehemaligen Gegner Theben und Athen zu einem Verteidigungsbündnis gegen Makedonien zusammenzuführen. Wie mitreißend er reden konnte, zeigt ein kleiner Ausschnitt aus seiner dritten Philippika aus dem Jahre 341 v. Chr.:

»Solange ein Schiff, sei es nun groß oder klein, noch unversehrt ist, müssen Matrose, Steuermann und jeder Mann ohne Ausnahme ihren Dienst tun, und es ist darauf zu achten, dass keiner weder freiwillig noch unfreiwillig das Schiff zum Kentern bringt; wenn aber die Wogen über Bord gehen, ist der Einsatz vergeblich. Und wir nun, Männer von Athen, solange wir noch keinen Schaden genommen haben und die größte Stadt unser eigen nennen, mit überreichen Mitteln und höchstem Ansehen – was sollen wir tun? [...] Zunächst müssen wir selbst Verteidigungsmaßnahmen treffen und uns rüsten, ich meine, mit Kriegsschiffen, Geld und Soldaten – denn wenn auch alle anderen sich damit abfinden, in Knechtschaft zu leben, so müssen wir wenigstens für die Freiheit kämpfen – [...] dann lasst uns sogleich auch die anderen Griechen dazu ermuntern und Gesandte schicken, die darüber unterrichten sollen. [...]

Doch keinesfalls rate ich, die anderen zu ermuntern, wenn wir selbst nicht bereit sind, für uns das Notwendige zu tun; es ist nämlich töricht, sich um fremde Interessen zu kümmern, während man die eigenen aufgibt, und den anderen Schrecken für die Zukunft einzujagen, während man die Gegenwart übersieht. So etwas rate ich nicht, vielmehr halte ich es für unabdingbar, [...] sich selbst aber zu rüsten und die übrigen Griechen zu versammeln, zu vereinigen, aufzuklären und zurechtzuweisen. Das kommt einer Stadt zu, die eine Machtstellung hat wie die eure. [...]

Euch haben die Vorfahren dieses Ehrenamt unter vielen schweren Kämpfen erworben und hinterlassen. Wenn aber jeder, nur den eigenen Neigungen nachgehend, ruhig dasitzt und darauf bedacht ist, selbst nichts tun zu müssen, so wird er erstens schwer jemals Leute finden, die für ihn eingreifen werden; und ferner fürchte ich, dass wir in den Zwang kommen werden, auf einmal alles das zu tun, woran uns nichts liegt. Das also rate ich, das beantrage ich. Und ich glaube, dass jetzt noch, wenn ihr meinem Rat folgt, die Lage zu meistern ist. Wenn aber jemand einen besseren Vorschlag hat, so soll er reden und raten. Doch was immer ihr beschließt, es möge, ihr Götter, zum Nutzen sein«.

Mit großem Engagement, aber wechselndem Erfolg wies er auf die Gefahren hin, die von Philipp ausgingen.

Als 338 v. Chr. schließlich der Krieg ausbrach, wurden Nord- und Mittelgriechenland schnell unterworfen. Auch nach Philipps Tod versuchte Demosthenes den Widerstand gegen die Makedonen zu organisieren. Nachdem er die Griechen erneut zu einem Aufstand gegen die Eroberer zusammengeführt hatte, dieser aber niedergeschlagen worden war, wurde er 322 v. Chr. auf der Insel Kalaureia von seinen Verfolgern gestellt. Als man ihn – unter Missachtung des Asylrechts! – vom Altar des dortigen Poseidon-Heiligtums reißen und gefangen nehmen wollte, nahm er Gift.

So wirkungsvoll seine Redekunst war, so wenig Erfolg hatte – unter dem Strich – seine Politik. Philipp, Alexander der Große und dessen Nachfolger erwiesen sich schließlich als erfolgreicher. Auch seinen innenpolitischen Gegnern – zumeist Anhänger der Makedonen – gelang es, Demosthenes mit Strafprozessen schwer zuzusetzen.
Unbestritten aber ist seine Wirkung als Redner, nicht nur durch die Sprachgewalt seiner Reden, sondern auch durch die ihr zugrunde liegende Haltung: Indem er Kontroversen deutlich macht, sich auch nie scheut den Gegner direkt anzugreifen um ihn zu entlarven und indem er sich vorbehaltlos und leidenschaftlich selbst gegen eine bedrohliche Übermacht für seine Idee der griechischen Freiheit einsetzt, prägt er nachhaltig den politischen Anspruch der Rhetorik. Umgekehrt macht seine Biografie aber auch deutlich: So wirkungsvoll seine Reden über lange Zeit auch gewesen seine mögen, den militärisch Überlegenen vermochten sie auf Dauer nicht aufzuhalten. Rhetorik vermag zwar vieles, aber nicht das Unmögliche.

Demosthenes (384–322 v. Chr.)

Das Dreieck der Rhetorik

Die Liste der zu vermeidenden Fehler und der entsprechenden Tipps und Anregungen ließe sich noch lange fortsetzen. Wer aber kann schon während seines Vortrags all diese »Regeln« beachten? In diesem Buch beschränkt sich die Theorie daher auf fünf Grundregeln, die auf die wesentlichen Fragen der Redepraxis eine Antwort geben. Um diese Regeln zu verstehen, muss man sich zunächst den folgenden Sachverhalt vor Augen halten, den vor mehr als 2300 Jahren Aristoteles auf den Punkt gebracht hat:

Es basiert nämlich die Rede auf dreierlei:
dem Redner,
der Sache, über die er redet,
sowie jemandem, zu dem er redet,
und seine Absicht zielt auf diesen
– ich meine den Zuhörer.

Wer also eine Rede hält, der hat notwendigerweise Zuhörer und er spricht über ein Thema. Diese drei »Punkte« – vereinfachend »Ich«, »Du« und »Sache« genannt – ergeben das Dreieck der Rhetorik. Soll die Rede ihr Ziel erreichen, müssen zwischen Ich, Du und Sache sinnvolle Beziehungen hergestellt werden.

Zunächst sollte es eine Selbstverständlichkeit sein, dass sich der Referent sorgfältig über den Sachverhalt informiert, damit er diesen angemessen darstellen kann. Der Redner muss über sein Thema Bescheid wissen; er sollte über so viel Sachwissen verfügen, dass die vorgebrachten Daten und Fakten, die Argumentation und damit auch die Schlussfolgerungen des Redners schon von der Sache her überzeugen können.

Die Zuhörer müssen aber auch Interesse am Thema haben; kann der Redner dies nicht voraussetzen, so ist es seine Aufgabe, das Interesse

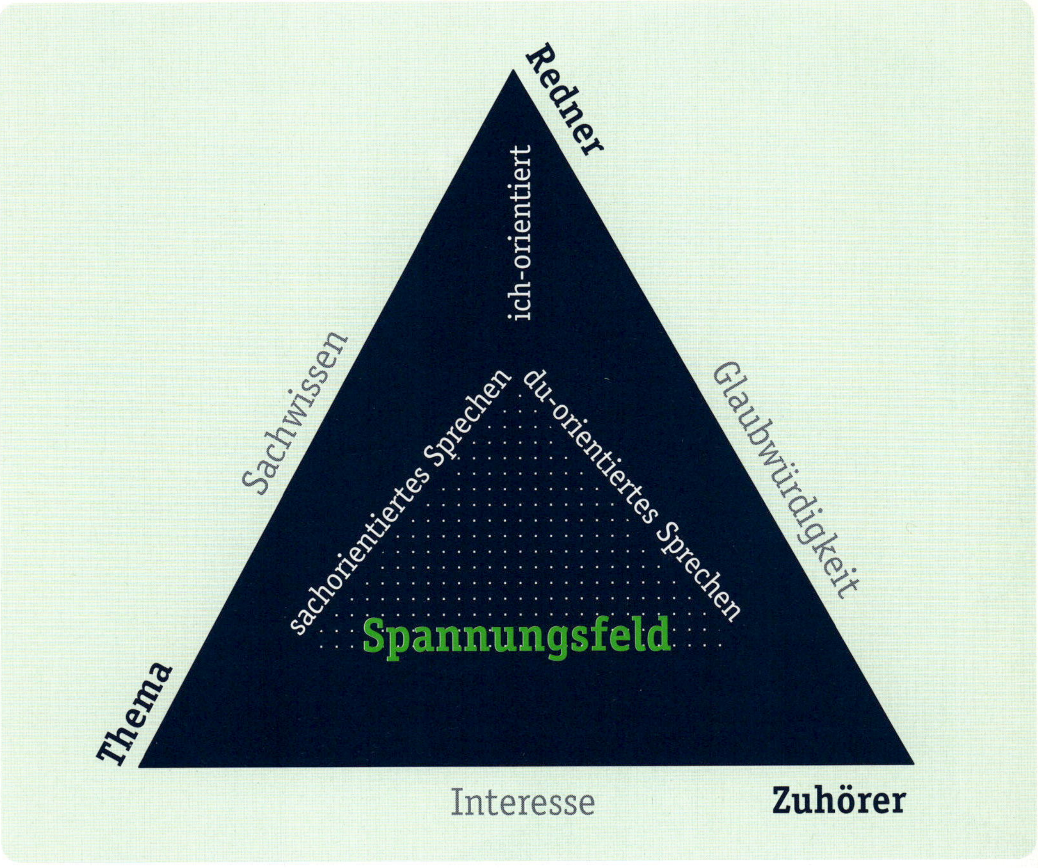

der Zuhörer zu wecken. Diese Hinführung zum Thema (Motivation) ist für den Redner die spannendste Herausforderung.
Für den Zuhörer muss er darüber hinaus auch als Person glaubwürdig sein; denn die Glaubwürdigkeit des Redners öffnet den Zuhörer auch für das Thema und die Aussage der Rede. Nur wer sich für das Thema interessiert, von der Argumentation überzeugt ist und den Redner für glaubwürdig hält, mag ihm auch in seinen Schlussfolgerungen und Appellen folgen.
Den engen Zusammenhang zwischen Sachwissen und Glaubwürdigkeit beleuchtet der »Parkhausstreit, (S. 14). Festzuhalten ist an dieser Stelle: Sachwissen, Glaubwürdigkeit und Interesse sind die Grundvoraussetzung für erfolgreiches Sprechen. Fehlt einer dieser Aspekte, dann ist die Rede zum Scheitern verurteilt.

Gehen wir einen Schritt weiter. Woran soll sich der Vortrag (vom Mittelpunkt des Dreiecks aus gesehen) orientieren? Am Redner selbst? An den Zuhörern? Am Thema? Sind gute Vorträge eher ich-, du- oder sachorientiert?
Beim ich-orientierten Sprechen steht der Redner selbst (= Redner-Ich) mit seinem persönlichen Interesse im Vordergrund. Er kümmert sich wenig darum, ob das Gesagte von der Sache her notwendig oder für den Zuhörer interessant ist. Typische Kennzeichen ich-orientierten Sprechens sind (eitle) Selbstdarstellungen, Abweichungen vom Thema und geringe Beachtung der Zuhörer. Zugespitzt lässt sich die ich-orientierte Haltung vielleicht so charakterisieren: »Ich kümmere mich weder ernsthaft ums Thema noch um die Zuhörer. Warum auch? Lieber nutze ich die Gelegenheit um mich darzustellen und das loszuwerden, was mir auf den Nägeln brennt.«

Sachorientiertes Sprechen richtet sich dagegen ganz nach dem Material, das es zum Thema gibt. Es wird alles gesagt, was es zu sagen gibt – vermeintlich im Interesse des Zuhörers, in Wirklichkeit aber oft an ihm vorbei. Typische Kennzeichen sachorientierten Sprechens sind Ausführlichkeit, hohes Anspruchsniveau und die Verwendung zahlreicher Fachbegriffe.
Karikiert lässt sich die sachorientierte Haltung so zusammenfassen: »Alle Einzelheiten werden vollständig und möglichst genau dargestellt, denn alles, was man über die Sache in Erfahrung bringen kann, muss gesagt werden. Dass mein Vortrag die Zuhörer überfordert und langweilt, liegt halt in der Sache begründet.«

Du-orientiertes Sprechen schließlich ist an den Voraussetzungen und Erwartungen jedes einzelnen Zuhörers (= Du) orientiert. Wenn die Zuhörer vereinfachend Du genannt werden, so ist dies nicht als Anbiederung an das Publikum zu verstehen. Unabhängig davon, ob der Redner das Publikum siezt oder duzt, ob es sich um einen einzigen Zuhörer oder einen Saal voller Menschen handelt, der Redner gibt jedem das Gefühl »Ja, genau zu dir spreche ich, um deine Sache geht es hier.« Dieses antike »tua res agitur« steht im Vordergrund und die Rede richtet sich nicht an eine kollektive Masse, sondern an eine Versammlung von Individuen. Du-orientiertes Sprechen reduziert die Sache auf die für die Zuhörer interessanten und verständlichen Punkte. Es enthält deshalb oft weniger Informationen, da es sich der Aufnahmefähigkeit des Publikums anpasst.
Kennzeichen einer Du-Orientierung sind:

- intensiver Blickkontakt,
- eine offene Gestik,
- der Einsatz von Medien, die das Interesse wecken und den Verstehensprozess fördern,
- die Berücksichtigung der Redezeit sowie der psychischen und körperlichen Verfassung der Zuhörer,
- die Verwendung von rhetorischen Fragen und Du-Bezügen (»Wie Sie sicherlich bemerkt haben« statt »Wie ich dargelegt habe«).

Die du-orientierte Haltung zeigt sich im folgenden Denkansatz: »Wer sind meine Zuhörer? Welche Voraussetzungen bringen sie mit, was erwarten sie von mir, wie lässt sich ihr Interesse für mein Thema wecken? Was meine Zuhörer nicht verstanden haben, habe ich umsonst gesagt. Dauer, Gliederung und Informationsgehalt meines Vortrags müssen sich also nach meinem Publikum richten.«
Diese drei Grundorientierungen des Sprechens lassen sich in der Praxis zwar nicht so strikt tren-

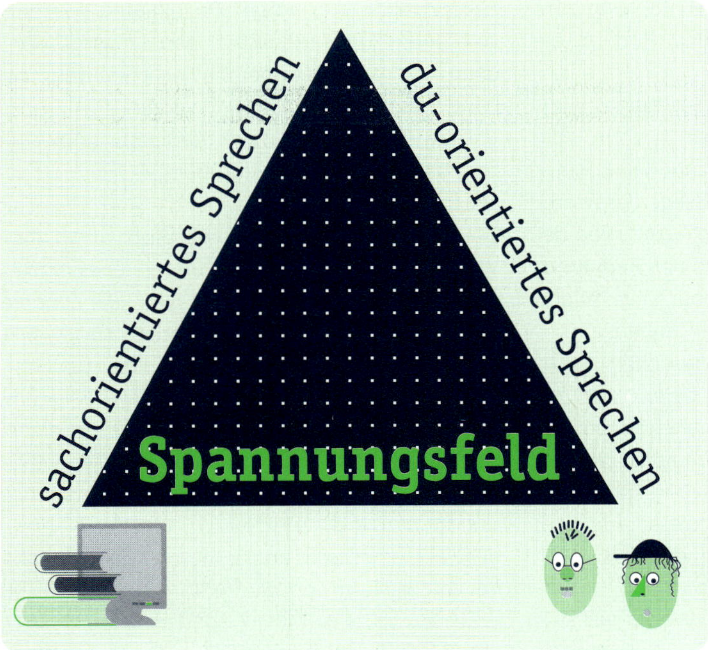

Im Spannungsfeld der Rhetorik gibt es kein Patentrezept, das richtige Verhältnis zwischen du- und sachorientiertem Sprechen hängt immer vom Thema und von den Zuhörern ab.

nen, sie sind aber bei der Vorbereitung und bei der Analyse von Redebeiträgen äußerst hilfreich, weil sie Tendenzen beschreiben und dem Redner eine Orientierung bieten bei der Auswahl dessen, was er sagen möchte. Vom Mittelpunkt des Dreiecks aus kann sich ein Redebeitrag zwar grundsätzlich an den drei Eckpunkten ausrichten. Aus den Definitionen geht aber deutlich hervor, dass es nicht sinnvoll ist, einen Redebeitrag zu stark am Redner selbst zu orientieren. Er sollte auch nicht einseitig du- oder sachorientiert sein:

Erfolgreiches Sprechen findet vielmehr statt im Spannungsfeld zwischen du- und sachorientiertem Sprechen.

Dieses Spannungsfeld ergibt sich aus dem Umstand, dass es zu fast jedem Thema eine nahezu unbegrenzte Fülle von Informationen gibt, die Zuhörer aber nur über ein begrenztes Aufnahmevermögen verfügen. Diese Reduktion des Sachverhalts auf die für die Zuhörer wesentlichen Informationen darf jedoch nicht schematisch erfolgen, vielmehr muss der Redner bewusste Schwerpunkte setzen. Zwar müssen bei der Auswahl des Materials, beim Umfang und bei der Informationsdichte der Rede das Aufnahmevermögen und Frageinteresse der Zuhörer berücksichtigt werden, aber auch die Redesituation, die Erfordernisse bei der Darstellung des Themas und das Ziel des Redners spielen eine gewichtige Rolle.

Konkret heißt das: Ein Redebeitrag ist anfangs zunächst du-orientiert, indem der Redner ein persönliches Verhältnis zu den Zuhörern herstellt und diese für das Thema gewinnt. Dann folgt eine längere Phase sachorientierten Sprechens. Diese findet ihre Grenzen aber in der Tatsache, dass die Zuhörer nur in einem beschränkten Umfang aufnahmefähig sind für eine reine Sachorientierung. Also fügt der Redner immer wieder Elemente du-orientierten Sprechens ein: Er stellt rhetorische Fragen, er legt Folien zur Veranschaulichung auf oder er führt Beispiele an, die für das tiefere Verständnis hilfreich sind. Auch am Schluss spricht der Redner meist du-orientiert, indem er Denkanstöße oder Appelle formuliert oder indem er nochmals die für die Zuhörer wichtigen Punkte (zum Mitschreiben) zusammenfasst. Bei der Gewichtung dieser Punkte orientiert er sich an seinem persönlichen Redeziel.

Mit Hilfe des Dreiecksmodells lässt sich auch der wesentliche Unterschied zwischen Meinungsrede und Sach-Vortrag *(vgl. auch Kap. 5)* veranschaulichen: Beide Redegattungen sind zwar im Spannungsfeld zwischen Du und Sache angesiedelt, sie unterscheiden sich aber durch ihren jeweiligen Schwerpunkt. Die Meinungsrede ist stärker du-orientiert, da sie den Zuhörer überzeugen und zu etwas bewegen will. Indem sie mit Fakten operiert, ist sie auch sachorientiert, aber weniger als der Sachvortrag. Hier überwiegt das Aufrütteln-Wollen, der Appell, das »movere«. Der Sachvortrag ist dagegen vor allem sachorientiert. Er ist nur insofern du-orientiert, als er die Aufnahmefähigkeit der Zuhörer berücksichtigt und Hilfestellung für den Verstehensprozess gibt. Hier überwiegt das »docere«, das Unterrichten und Informieren. Wichtig ist bei beiden Redegattungen, dass das Spannungsfeld der Rhetorik gewahrt bleibt: Meinungsreden arten immer dann zu »Stammtisch-Geschwätz« aus, wenn sie zu wenig sachorientiert sind. Und Sachvorträge werden immer dann »trocken« und langweilig, wenn sie das »Du« vernachlässigen.

Auf der Grundlage dieses Rhetorikmodells lassen sich nun in einem letzten Schritt fünf Grundregeln aufstellen (siehe rechte Spalte).

a

Vergleichen Sie diese fünf Grundregeln mit den Tipps, die Sie sich selbst erarbeitet haben.

- Lassen sich Ihre Tipps den Grundregeln zuordnen oder mithilfe des Spannungsfeldes erläutern?
- Welche Regeln halten Sie für besonders beachtenswert?
- Welche Problemfelder sind in den Grundregeln noch nicht berücksichtigt?

So wichtig Regeln auch sein mögen um Vorträge zu verbessern und die Wahrscheinlichkeit ihres Erfolgs zu steigern, ein Patentrezept für den Erfolg einer Rede gibt es dennoch nicht. Was ist überhaupt unter »Erfolg« zu verstehen? Erfolgreich ist eine Rede doch nicht allein aufgrund der Tatsache, dass bestimmte Inhalte sachlich richtig, verständlich und stilistisch gut ausformuliert sind. Dies mag genügen, damit keiner der Zuhörer widerspricht, ist aber noch nicht hinreichend für den Erfolg eines Vortrags. Denn erfolgreich ist ein Vortrag erst dann, wenn die Zuhörer auch innerlich von der Botschaft überzeugt und bereit sind, im Sinne des Redners zu handeln.
Dies hängt aber davon ab, wie relevant das Thema überhaupt für die Zuhörer ist, ob die Schlussfolgerungen des Redners auch auf die Zuhörer

Fünf Grundregeln der Rhetorik

1. Sprich nur so sachorientiert wie nötig.
Bereite dich umfassend und gründlich auf das Thema vor. Stelle aber nicht alle Einzelheiten dar, sondern wähle aus im Hinblick auf Situation, Redeziel und Zuhörer. Überprüfe sorgfältig, ob die ausgewählten Inhalte relevant, informativ und wahr sind.

2. Sprich verständlich.
Artikuliere laut und deutlich sowie mit sinngemäßer Betonung. Sprich nicht zu schnell, mach Sprechpausen (= Mitdenk-Pausen!).
Formuliere anschaulich. Setze gezielt Präsentationsmedien ein um komplexe Sachverhalte zu visualisieren.
Vereinfache komplizierte Sachverhalte, soweit es das Thema erlaubt. Erläutere Fachbegriffe, vermeide unnötige Fremdwörter, vereinfache Zahlenmaterial.

3. Sprich strukturiert.
Sprich zielgerichtet und mit klarer Gliederung. Begründe deine Thesen (Urteile und Forderungen) und stütze deine Argumentation auf Beispiele, Erläuterungen oder Zitate. Mache bei neuen Gliederungspunkten deutlich, worum es (dir) gerade geht.

4. Sprich möglichst frei.
Lies auf keinen Fall stur vom Blatt ab. Wähle eine Methode, die es dir erlaubt, so frei wie möglich und so sicher wie nötig zu sprechen. Halte Blickkontakt und achte auf das Feedback der Zuhörer. Gehe auf Zwischenfragen ein, wenn dies den Gedankengang nicht stört.

5. Sprich möglichst du-orientiert.
Gehe von den Voraussetzungen und Erwartungen deiner Zuhörer aus. Wecke ihr Interesse und führe sie zum Thema hin. Vermeide es deine Zuhörer zu überfordern. Überprüfe, ob es angemessen und notwendig ist, länger als 20 Minuten zu sprechen. Bringe die Sache auf den für deine Zuhörer wichtigen Punkt.

zutreffen und für diese nachvollziehbar sind, ob der Redner in seiner Rolle glaubwürdig oder ob nicht die Taktik der Gegenseite einfach geschickter ist. Selbst wenn alles optimal vorbereitet und geplant ist, kann der Redner durch seine Körpersprache – eine unangenehme Stimme, unpassende Mimik und Gestik oder fehlenden Blickkontakt – den Erfolg seiner Rede zunichte machen.

Selbst bei einer perfekt ausgearbeiteten Rede ergeben sich somit Unwägbarkeiten für ihren Erfolg beim Publikum. Denn dieser ist immer auch von der konkreten Situation abhängig. Die Rede mag zwar bis aufs letzte i-Tüpfelchen festgelegt sein, Faktoren wie die Stimmung der Zuhörer, die Taktik der Gegenseite und die Verfassung des Redners sind aber variabel. Was junge Rednerinnen und Redner vielleicht irritieren mag, macht für erfahrene Redner oft den besonderen Reiz einer Rede aus. Festzuhalten ist aber: Auch wenn wir bei einer Rede nicht alles vorhersehen können, die meisten dieser Faktoren können wir als Redner beeinflussen und mithilfe rhetorischer Kenntnisse oder Übungen deutlich verbessern. Durch eine solide Vorbereitung lässt sich Erfolg zwar nicht erzwingen, wohl aber wahrscheinlicher machen.

Exkurs: Sachwissen und Glaubwürdigkeit

Um den Zusammenhang zwischen diesen beiden Aspekten näher zu beleuchten, stellen wir uns die folgende Situation vor:

In einer Stadt mit 60 000 Einwohnern und sechs Parkhäusern soll ein weiteres Parkhaus gebaut werden. Schnell bilden sich zwei Bürgerinitiativen – eine für, die andere gegen das Projekt – und die Wogen schlagen hoch, denn es geht nicht nur um entgegengesetzte Interessen, sondern auch um sehr viel Geld!

Zu einer Podiumsdiskussion wird ein renommierter Fachmann aus dem Bereich der Städteplanung eingeladen, Inhaber mehrerer akademischer Titel und Verfasser viel beachteter Publikationen zum Thema »Parken in der Stadt«. In seinem Vortrag belegt er, dass die Parkhäuser der Stadt normalerweise nur zu 70 Prozent, in Spitzenzeiten höchstens zu 85 Prozent ausgelastet sind. Seine Schlussfolgerung, belegt mit statistischem Material und dargestellt auf exzellent ausgearbeiteten Folien, lautet also: »Die Stadt braucht kein neues Parkhaus!«

Aufgrund seines unbestrittenen Sachwissens und seiner gelungenen Präsentation hat unser Fachmann allerdings keineswegs automatisch Erfolg.
Wir brauchen uns nur vorzustellen: Er erscheint etwas zu spät zu seinem Vortrag und entschuldigt seine Verspätung damit, dass er keinen Parkplatz gefunden habe. Oder: Am Ende der Veranstaltung sehen wir ihn erregt mit dem Mitarbeiter eines Abschleppdienstes debattieren, der gerade im Begriff ist, das Auto unseres Referenten abzuschleppen.

In der Sache ist damit die These des Referenten nicht widerlegt. In Frage gestellt ist aber seine Glaubwürdigkeit. Da die Zuhörer nicht nur rational urteilen, sondern auch emotional eine Beziehung zum Redner und über ihn zu seiner Argumentation aufbauen, sind sie nicht mehr bereit, ihm ohne Vorbehalte zu folgen. Die Diskrepanz zwischen Sachwissen und Glaubwürdigkeit irritiert. Man kann zwar in der Sache nicht widersprechen, man ist aber auch nicht davon überzeugt. Wenn kein stimmiges Gesamtbild entsteht, ist der Erfolg des Vortrags infrage gestellt.

Bedenke, dass auch dein Körper spricht

Das Schaubild über den Erfolg einer Rede hat es bereits deutlich gemacht: Auch die Körpersprache trägt zum Erfolg einer Rede bei, darf also in der Rhetorik nicht vernachlässigt werden. Unsere Körpersprache ist ein Kommunikationssystem, das wir in unserer Entwicklung lange vor der Sprech-Fähigkeit erworben haben. Sie ist in unserem Ausdrucksrepertoire, aber auch im System unserer Wahrnehmung fest verwurzelt.
Bevor wir das erste Wort gesprochen oder verstanden haben, haben wir bereits körpersprachlich kommuniziert, also Blickkontakt aufgenommen, gelächelt oder auf einen Gegenstand gezeigt.
Diese Grunderfahrung beeinflusst selbst beim Erwachsenen noch die Wahrnehmung. Bevor der Redner den Mund aufmacht, haben sich die Zuhörer aufgrund seiner äußeren Erscheinung und seines Auftretens ein erstes Bild gemacht. Meist trifft zu, was die Engländer auf die Formel »The first impression is the best« gebracht haben. Und ergänzend gilt: »You never get a second chance to make a first impression.« Im negativen Fall hat es der Redner sehr schwer, sein Publikum mit Argumenten zu überzeugen, wenn das Vor-Urteil über ihn etwa lautet: unsicher, arrogant oder unsympathisch. Umgekehrt hat der Redner die besten Voraussetzungen seine Zuhörer zu gewinnen, wenn er schon vom ersten Eindruck her »gut ankommt«.
Sein Sachwissen wird durch Worte, die Glaubwürdigkeit des Redners dagegen wird zu einem großen Teil durch sein Auftreten und seinen körpersprachlichen Ausdruck vermittelt. Durch Gestik und Haltung öffnen wir uns dem Zuhörer, gehen wir auf ihn zu. Durch intensiven Blickkontakt binden wir ihn an uns und fesseln damit auch seine Aufmerksamkeit. Durch eine angenehme oder trainierte Stimme erhöhen wir seine Bereitschaft uns wohlwollend zuzuhören. Unsere Mimik zeigt, wie ernst wir selber unser Thema nehmen, zeigt umgekehrt aber auch an, ob wir etwas ironisch meinen oder einfach nur mit Humor sehen, ob wir entspannt und unserer Sache sicher sind.

Gregor Gysi

Dabei ist zu bedenken: Körpersprache ist meist ehrlicher. Während sich mit Worten relativ leicht lügen lässt, bringt es die Körpersprache oft sehr schnell an den Tag, wenn etwas nicht stimmt. So wird die Begrüßungsfloskel »Ich freue mich, Sie

Gerhard Schröder

heute hier begrüßen zu dürfen« durch einen finsteren oder gleichgültigen Blick in seiner Wirkung stark eingeschränkt oder durch ein ironisches Grinsen sogar ins Gegenteil verkehrt.

Mimik und Gestik lassen sich nur schwer manipulieren. Daher ist es wichtig, dass sich diese beiden körpersprachlichen Bereiche möglichst natürlich entfalten. Verbale und nonverbale Botschaften sollten weitgehend übereinstimmen, denn die Zustimmung des Zuhörers lässt sich nur durch einen in sich stimmigen ganzheitlichen Eindruck erreichen. Eine redliche Rhetorik beschränkt sich daher darauf, den körpersprachlichen Aspekt bewusst zu machen, durch solide Vorbereitung eine größere Sicherheit zu geben und allenfalls auf körpersprachliche »Störsignale« aufmerksam zu machen, um diese behutsam zu korrigieren. So wird beispielsweise jemand, der aus Unsicherheit den Blick senkt oder die Arme verschränkt, ermutigt, Blickkontakt aufzunehmen und seine Gestik zu öffnen. Eine darüber hinausgehende Manipulation der Körpersprache ist dagegen abzulehnen, da dies nicht authentisch (ehrlich) wirkt und allenfalls bei Schauspielern zu einem stimmigen Gesamtbild führt.

Joschka Fischer

Ein weiterer Aspekt der Körpersprache ist zu bedenken: Der Redner ist bei der Wahrnehmung körpersprachlicher Signale nicht nur Objekt, sondern auch Subjekt. So wie ihn die Zuhörer beobachten, kann auch er die Körpersprache seines Publikums wahrnehmen. Diese gibt ihm beispielsweise Hinweise darauf, ob das Thema (noch) interessiert, ob eher Zustimmung, Skepsis oder Ablehnung vorherrschen, ob die Aussagen plausibel oder noch nicht ganz verstanden sind. Je souveräner ein Redner ist, umso mehr wird er die Körpersprache der Zuhörer ernst nehmen und in seinem Redeverhalten berücksichtigen.

Angela Merkel

a

Im Folgenden können Sie Ihre Wahrnehmung körpersprachlicher Signale trainieren. Bitte halten Sie zu jeder der fotografierten Redesituationen in Stichworten fest:

- Wie ist Ihr spontaner erster Eindruck?
- Was signalisieren Blickkontakt, Mimik, Gestik und Haltung für Sie?
- Um welche Situation könnte es sich handeln?
- Welche Aussagen passen zu dem Bild?
- Was sollte unbedingt verbessert werden?
- Was kann beibehalten werden?
- Ziehen Sie zum Vergleich die Politiker-Fotos auf den Seiten 15 und 16 heran.

Fotos: Andreas Peter

Foto: Manfred Vollmer

Einen Vortrag systematisch vorbereiten

Bewährtes übernehmen, aber (daraus) keine Patentrezepte (ableiten)!

Bei der Vorbereitung einer Rede unterscheidet die antike Rhetorik fünf Erarbeitungsphasen, die auch heute noch jeder Rednerin und jedem Redner eine sinnvolle Orientierung bieten:

1. **Inventio:** die Ermittlung der Aspekte und Fragestellungen sowie der stichhaltigen und wirkungsvollen Gedanken und Argumente. Diese werden zwar aus der (Kenntnis der) Sache heraus, aber immer im Hinblick auf die Zuhörer entwickelt.

2. **Dispositio:** die bewusste Anordnung der einzelnen Redeteile. Diese kann sich zwar auch an der Reihenfolge orientieren, die von der Sache her erkennbar ist, z. B.: Ursache, Verlauf, Folge. Vorrang hat aber immer die du-orientierte Anordnung der Gedanken, etwa: Was ist für den Zuhörer ein Ärgernis? Wie konnte es dazu kommen? Wie kann dies im Interesse des Zuhörers künftig vermieden werden?

3. **Elocutio:** das Ausformulieren der Rede (meist schriftlich oder mithilfe von Stichworten, mitunter aber auch nur gedanklich). Der Redner sucht in dieser Phase nach der angemessenen Ausdrucksweise. Vor allem soll der Text verständlich und wirkungsvoll formuliert sein.

4. **Memoria:** die Aneignung der Rede durch das Gedächtnis. In der Antike wurde der gesamte Text auswendig gelernt. Die in diesem Kapitel vorgestellten Vermittlungsmethoden ermutigen zum freien Sprechen, wobei sich der Redner zur Sicherheit auf eine Textvorlage oder einzelne Stichworte stützen kann. Gut einprägen sollte er sich aber den Einstieg, einzelne Höhepunkte der Rede und den gezielten Schluss-Satz.

5. **Pronunciatio:** Beim abschließenden Probesprechen werden Lautstärke, Betonung und Pausentechnik sowie Gestik, Mimik und Medieneinsatz geübt. Auch eine Zeitkontrolle gehört zu dieser letzten Vorbereitungsphase.

Die einzelnen Phasen können sich durchaus wechselseitig durchdringen und ergänzen: So fällt dem Redner mitunter bereits bei der Gliederung die eine oder andere treffende Formulierung ein. Oder die Merkphase wird stark verkürzt, weil er sich bereits durch die bewusste Gliederung und das sorgfältige Ausformulieren die wichtigsten Redepassagen eingeprägt hat und den Rest mithilfe von Stichworten frei entwickelt. Manchmal fällt dem Redner erst bei der Sprechprobe auf, dass ein bestimmter Ausdruck nicht passt oder den Sprechrhythmus stört, und er bemüht sich deshalb nochmals um eine bessere Formulierung.

Grundsätzlich hat sich diese fünfgliedrige Reihenfolge bewährt. Wer seinen ersten Vortrag vorbereitet, sollte die Erfahrungen, die viele Redner vor ihm gemacht haben, nicht in den Wind schlagen und zunächst einmal die auf den folgenden Seiten vorgeschlagenen Arbeitsweisen ausprobieren und auf ihre Tauglichkeit prüfen, bevor er eigene Wege beschreitet und zu individuellen Lösungen greift. Umgekehrt ist aber bei allem Respekt vor der antiken Überlieferung zu berücksichtigen, dass die Wege zu einem erfolgreichen Vortrag so verschieden sein können wie Rednerinnen und Redner als Menschen verschieden sind: Während der eine am aufgeräumten Schreibtisch vormittags zur idealen Arbeitszeit ganze Absätze im Kopf entwirft um sie dann wie »aus einem Guss« zu Papier zu bringen, kämpft sich der andere durch einen ständig anwachsenden Wust von Karteikarten und Notizen, die er nach und nach auf riesige Packpapierbögen klebt, um schließlich davon sein Manuskript zu erstellen. Der eine plant seine Redevorbereitung so genau, dass er exakt eine Woche vor dem Redetermin mit der Vorbereitung fertig ist; der andere bereitet seinen Vortrag fast immer »auf den letzten Drücker« vor, nicht selten bis spät in die Nacht hinein, sodass er erschöpft und völlig übernächtigt, deshalb aber nicht unbedingt schlechter seinen Vortrag hält.

Es gibt Redner, die ihren Vortrag Wort für Wort ausformulieren und mehrfach redigieren, um ihn dann vom Blatt abzulesen; andere dagegen gliedern ihre Gedanken stichwortartig auf einem DIN-A4-Blatt, sprechen dafür ihren Text aber mehrfach laut, bis sie den treffenden Ausdruck gefunden haben und zur wirkungsvollsten Formulierung gelangt sind. Dabei bleiben sie für alternative Formulierungen offen, um sich auf die Vorredner beziehen oder mit einem gezielten Schluss-Satz, der ihnen vielleicht erst auf dem Weg zum Rednerpult eingefallen ist, den Vortrag beenden zu können.

Welche der beschriebenen Arbeitsweisen sind nun zu empfehlen? In der Theorie sicherlich diejenigen, die mehr Ordnungssinn und System verraten, in der Praxis aber immer diejenigen, die am besten zum Redner passen. Jeder muss den Vorbereitungsstil entwickeln, der seinem Wesen und seinem sonstigen Arbeitsstil entspricht. Wichtig ist dabei allerdings, dass man seine Arbeitsweise reflektiert, verschiedene Formen ausprobiert und sich dann bewusst für die eine oder andere Methode entscheidet – um sie dann möglichst konsequent anzuwenden.

Unabhängig von der jeweiligen Vorgehensweise wird sich jeder Redner, bevor er sich an die eigentliche Vorbereitung der Rede macht, erst einmal auf seine Sachkenntnis besinnen und erforderlichenfalls weiteres Material zu seinem Thema sammeln (vgl. das Kapitel über den Sachvortrag). Hat er den Redestoff beisammen, sollte er die einfache Vorüberlegung anstellen:

Was will ich?
Was erwarten meine Zuhörer?
Wie erreiche ich das Redeziel?

Diese drei Fragen sollten Leitschnur für die gesamte Vorbereitung sein. Die Absicht des Redners und das (vermutete) Interesse der Zuhörer bilden gemeinsam das Redeziel. Dieses Ziel und die dabei angewandten Methoden wirken sich auf alle fünf Phasen der Vorbereitung aus.

Das Auffinden von Aspekten und Argumenten

Der lateinische Fachbegriff »inventio« (Erfindung) legt bereits nahe, dass es sich bei der Vorbereitung einer Rede auch um einen schöpferischen Vorgang handelt. Der Redner muss aus dem vorliegenden Material, dem Redestoff, die Aspekte heraussuchen, die das Thema für seine Zuhörer interessant machen und den Gegenstand wirklich erhellen, und er muss die Argumente auswählen, die für die Zuhörer besonders überzeugend sind (siehe hierzu das Kapitel über Argumentation). Da er zumeist nur wenige Aspekte und Argumente vollständig aus dem Redestoff übernehmen kann, muss er selber findig sein und – meist durch Kombination oder Assoziation – neue und weiterführende Inhalte gewinnen. Erst wenn die wesentlichen Aspekte und Argumente feststehen, kann er sich daran machen, Schwerpunkte festzulegen und das Thema genauer zu umreißen.
Zwei Beispiele sollen veranschaulichen, was genauer unter dem Begriff »Aspekt« verstanden wird und was Aspekte in der Rhetorik zu leisten vermögen.
Nehmen wir ein Referat über eine historische Figur, in diesem Fall über den Diktator Adolf Hitler. Biografien verführen leicht dazu, das Thema in chronologischer Form abzuhandeln. Völlig unergiebig wäre ein Referat etwa im folgenden Stil:
»Am 20. April 1889 wurde Adolf Hitler in Braunau am Inn geboren. Sein Vater hieß Alois und war Zollbeamter. Seine Mutter, eine geborene Pölzl, war Hausfrau. ... (zwanzig Minuten später:) Nachdem Berlin von den sowjetischen Truppen eingeschlossen war, diktierte Hitler sein politisches und sein persönliches Testament und heiratete Eva Braun, die er 1929 als Siebzehnjährige kennen gelernt hatte. Am nächsten Tag, es war der 30. April 1945, nahmen sich beide das Leben. Ihre Leichen wurden verbrannt, die Überreste verschwanden auf nie zweifelsfrei geklärte Weise. Ich danke für die Geduld!«

Hier werden Fakten, wie sie sich aus der Sache – genauer: der Zeittafel im Anhang einer Hitler-Biografie – ergeben, einfach unverarbeitet wiedergegeben. Der Zuhörer hat sich hier aus der Vielzahl der dargebotenen Fakten diejenigen herauszupicken, die für ihn wichtig sind. Zusammenhänge werden nicht gestiftet, die wirklich interessanten Fragestellungen bleiben im Dunkeln. Ganz anders ein Referat, das nach Aspekten gegliedert ist. In Anlehnung an das Sachbuch »Anmerkungen zu Hitler« des Publizisten Sebastian Haffner könnten statt einer Abfolge von Daten die folgenden Aspekte in den Vordergrund gestellt werden:

- Leistungen und Erfolge,
- Irrtümer und Fehler,
- Verbrechen und Verrat.

Es wäre dann sinnvoll, unter diesen Aspekten in der Geschichte des Nationalsozialismus und in der Biografie des Diktators nach Fakten und Quellen zu suchen. Diese könnten dann so ausgewählt und vorgetragen werden, dass sie Antwort geben auf die folgenden Fragestellungen:

- Warum wurde Hitler bis etwa 1939/1940 von den meisten Deutschen unterstützt?
- Warum musste er mit seiner Weltanschauung und Kriegsführung scheitern?
- Was hat Hitler den Menschen in Deutschland und in der Welt angetan?

Auf diese Weise werden dem Zuhörer Geschichtsbewusstsein und politische Überzeugungen vermittelt. Im Übrigen ergibt sich aus dem letzten Aspekt auch ein wesentliches Argument: Hitler hat nicht nur den Menschen in anderen Ländern Gewalt, sondern auch den Deutschen selbst unsägliches Leid angetan – in der Auseinandersetzung mit national gesinnten Rechtsradikalen kein unwichtiges Argument! Und wer durch die klare Benennung der Aspekte weiß, worum es bei dem Thema im Wesentlichen geht, dem prägen sich schließlich auch die einzelnen Fakten und Daten besser ein.

Aspekte helfen also ein Thema näher zu bestimmen. Auch das Allerweltsthema »Computer« ist so weit formuliert, dass es unsinnig wäre, darüber einen Vortrag zu halten. Sinnvolle Eingrenzungen wären z. B.:

- Welche Vor- und Nachteile hat der Computer für den Unterricht?
- Wie können Jugendliche das Internet zur Berufsorientierung nutzen?
- Welche Multimedia-Anwendungen sind auf einem handelsüblichen PC möglich?
- Wie wirkt sich der Computer auf das Freizeit-Verhalten der Menschen aus?
- Wie könnte sich unser politisches System durch das Internet wandeln?

In beiden Fällen wird deutlich, was ein Aspekt ist und wozu er dient. Es ist die Fragestellung, unter der ein Thema betrachtet wird und die treffende Argumente hervorbringt. Die Auswahl der Aspekte wird vom Redeziel gesteuert, wobei neue Aspekte umgekehrt aber auch das Redeziel modifizieren können. Während der »inventio« beeinflussen sich Aspekte und Redeziel wechselseitig. Aspekte erfüllen ein trockenes Thema mit Leben. Sie ordnen, was zunächst noch keine erkennbare Struktur aufweist. Sie erhellen, was für den Zuhörer zunächst noch im Dunkeln liegt.

Wie gelangt man aber zu diesen Aspekten? Eine bewährte Methode ist das Mind-Mapping. Diese Methode ist besonders für das Auffinden von Ideen geeignet. Das Mind-Map – auf Deutsch: die Gedanken-Landkarte – fördert durch die Visualisierung abstrakter Begriffe neue Ideen zutage, es zeigt Schwerpunkte auf und es macht gedankliche Strukturen sichtbar:

In die Mitte eines leeren Blattes im Querformat wird das Themenstichwort geschrieben, um das es im Vortrag gehen soll. Dieses wird umkreist. Vom Thema weg werden so genannte »Hauptäste« zum Rande des Blattes hin gezeichnet. Auf jeden Hauptast wird ein Oberbegriff eingetragen. Dieser entspricht dem gesuchten Aspekt. Von den Hauptästen gehen je nach Komplexität des Themas Nebenäste oder Zweige ab. Diese entsprechen den Unterbegriffen, also Unteraspekten, weiterführenden Stich- oder Schlagworten. Diese Unterbegriffe können sich weiter verzweigen bis hin zu Beispielen. Die Begriffe werden möglichst in Form von Substantiven notiert. Wer mit Bleistift und Radiergummi arbei-

tet, kann bei diesem Verfahren sogar nachbessern, also umstrukturieren, wegstreichen oder ergänzen.
Durch die bildliche Darstellung und die manuelle Arbeit mit Bleistift, Radiergummi und Farben fördert diese Methode Ideen zutage, die beim bloßen Nachdenken vielleicht verborgen geblieben wären.

Da diese Methode Denkblockaden lösen, nicht schaffen soll, ist aber auch hier zu beachten, dass sich jeder Anwender die Variante erarbeitet, die auch zu seinem Arbeitsstil passt. So kann der eine, wenn ihm ein Beispiel spontan einfällt, Haupt- und Nebenast zeichnen, ohne ihn gleich auf einen Begriff zu bringen. Nachdem er den Zweig gezeichnet und benannt hat, wird er sich begrifflich über den Nebenast zum Hauptast zurückarbeiten, also erst das Beispiel notieren und dann nach dem übergeordneten Aspekt suchen.
Ein anderer wird vielleicht mit Farbstiften nachträglich diejenigen Begriffe umkreisen, die er zum Schwerpunkt seines Vortrags machen möchte, und abschließend diese Begriffe miteinander verknüpfen um sich so die Struktur seines Vortrags besser einzuprägen.
Ein dritter schließlich verwendet das fertig gestellte Mind-Map bei seinem Vortrag als visualisiertes Stichwortkonzept, indem er das Mind-Map entweder im Uhrzeigersinn (beginnend von der Position 1 Uhr bis zur Position 12 Uhr) »liest« oder indem er einer nachträglich festgelegten Nummerierung folgt.

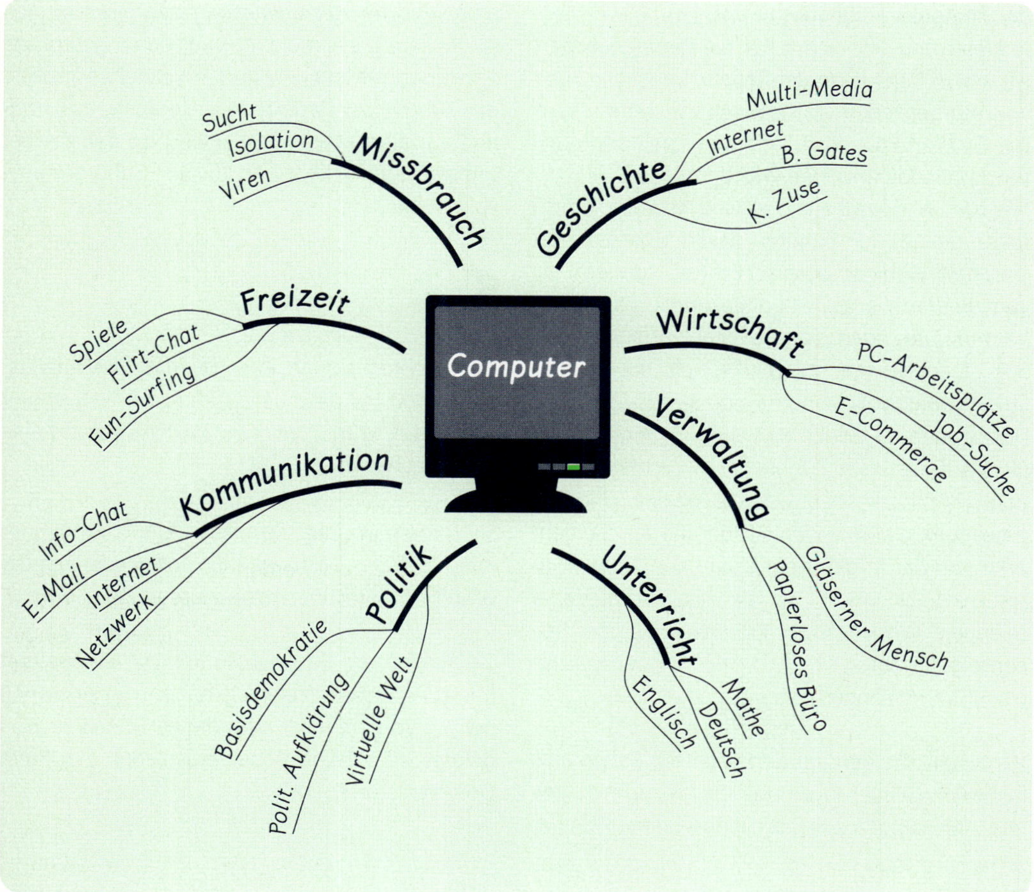

Mind-Map zum Computer

Die Gliederung als Grobstruktur: übersichtlich und nachvollziehbar

In Kapitel 1 haben wir als dritte der fünf Grundregeln kennen gelernt: »Sprich strukturiert!« Dabei meint der Begriff »Struktur« die Beziehungen und gedanklichen Verknüpfungen zwischen den einzelnen Inhalten. Zum Teil ergibt sich eine solche Struktur aus der Sache selbst, zum Teil nimmt sie während der Ideen-Sammlung durch die Auswahl bestimmter Fragestellungen deutlichere Konturen an. Mit der Gliederung schließlich wird die Struktur einer Rede festgelegt.

Wozu aber Struktur? Warum können die Inhalte nicht ungeordnet dargeboten werden? Kann sich der Zuhörer nicht selbst eine Struktur bilden? Halten wir uns auf der Grundlage des »Dreiecks der Rhetorik« Folgendes vor Augen:
Je klarer und übersichtlicher die Rede gegliedert ist, um so freier kann der Redner sprechen. Denn was gut gegliedert ist, lässt sich leichter merken! Die Grobstruktur der Gliederung spielt also auch für das Gedächtnis eine wichtige Rolle.
Je strukturierter Inhalte dargelegt werden, um so mehr behält der Zuhörer davon. Denn dieser speichert weniger isolierte Fakten, sondern die vom Redner hergestellten Bezüge und Gedankenverknüpfungen. So ist die Zahlenfolge 15-27-3-9-21 schwieriger zu merken als die in ihrer Struktur nachvollziehbare Folge 3-9-15-21-27.
Die Gliederung erfüllt also auch im Hinblick auf die Wirkung beim Zuhörer eine wichtige Funktion. Damit zeichnen sich die beiden Orientierungspunkte einer jeden Gliederung ab: Sie geht zwar von der Struktur der Sache aus, ist aber insofern du-orientiert, als sie sich am Redeziel orientiert: Was sollen die Zuhörer in welcher Reihenfolge erfahren und erkennen um zu welcher Einsicht zu gelangen?

Vorgestellt werden auf den nächsten Seiten eine Reihe von Gliederungsmodellen, die zugleich weitere Anregungen zur Erschließung eines Themas bieten. Alle vorgestellten Modelle bestehen (jeweils) aus Bausteinen, die jeweils so angepasst werden können, dass sie der Erreichung des Redeziels dienen, zugleich aber dem individuellen Stil des Redners entsprechen.

Die formale Einteilung in Einleitung, Hauptteil und Schluss ist in vielen der aufgeführten Gliederungen erkennbar. Wo dies nicht der Fall ist, ist es eine Selbstverständlichkeit und muss daher nicht eigens herausgestellt werden. Manche Themen sind so komplex, dass der Redner für sie eine eigene, nicht schematisierte Gliederung entwerfen sollte. Manche Gliederungen lassen sich nach dem Baukastenprinzip aus unterschiedlichen Gliederungselementen zusammenstellen. Entscheidend bei der Bewertung der Gliederungen ist, inwiefern sie geeignet sind, durch geschickte Anordnung der Redeteile den Verstehensprozess der Zuhörer zu fördern. Wie sie auch im Einzelnen ausfallen mögen, sie sollten für den Redner selbst leicht merkbar und für den Zuhörer nachvollziehbar sein.

a

Sie möchten sich in Ihrer Heimatgemeinde dafür einsetzen, dass der Öffentliche Nahverkehr ausgebaut wird: Welche Gliederungsbausteine bieten sich an?

Sie fordern an Ihrer Schule die Einrichtung eines Internet-Cafés. Mit Bedenken aus den Reihen der Lehrer ist zu rechnen: Wie würden Sie gliedern?

Sie wollen im Geschichtsunterricht ein Referat über den Ersten Weltkrieg halten. Sie erkennen bei der Vorbereitung, dass dieses Thema zu weit gefasst ist: Welche Aspekte schlagen Sie Ihrem Geschichtslehrer vor?

Gliederungen im Baukastenprinzip

Zwei-Punkte-Gliederungen

Diese elementaren Grundformen einer Gliederung dienen zur Verdeutlichung eines Gegensatzes. Dabei wird häufig gegen den ersten Begriff der zweite ausgespielt, auf dem dann der Aussageschwerpunkt liegt. Diese Zwei-Punkte-Gliederungen sind nur für kurze Redebeiträge geeignet; die Gegensatzpaare können aber in jede andere Gliederung »eingebaut« werden.

- Schein (Die anderen behaupten ...)
- Wirklichkeit (Tatsache dagegen ist ...)

- Theorie (Absicht, Wunschziel, Wort)
- Praxis (Ergebnis, Erreichbarkeit, Tat)

- Äußeres (»Oberflächlich betrachtet ...«)
- Inneres (»Bei genauerem Hinsehen aber ...«)

- Negativ (Nachteil)
- Positiv (Vorteil)

Drei-Punkte-Gliederungen

- Die Zuhörer zum Thema hinführen
- Das Thema darlegen
- Die Konsequenz für die Zuhörer aufzeigen

Dieser einfachen Gliederung liegt die Struktur Einleitung – Hauptteil – Schluss zugrunde.

- Gestern (Was gestern falsch war)
- Heute (Was heute zu tun ist)
- Morgen (Welche Gefahr morgen droht)

- Gestern (Was gestern falsch war)
- Morgen (Welche Gefahr morgen droht)
- Heute (Was heute zu tun ist)

Wenn eine Chronologie erkennbar ist, bietet sich das erste Schema an. Oft ist es aber geschickter zu zeigen, wie Fehler der Vergangenheit und drohende Gefahren erkennbar machen, was heute zu tun ist.

- So ist das Problem (Ist-Zustand)
- Welche Lösung sich anbietet (Soll-Zustand)
- Wie es gelöst werden kann (Lösungsweg)

Die Lösung eines Problems (Ist-Zustand) steht bei dieser Gliederung im Vordergrund: Der Ist-Zustand wird negativ beurteilt, der Lösungsweg wird im Hinblick auf einen besseren Soll-Zustand entwickelt.

- Die Gegenseite fordert (bzw. Soll-Zustand)
- Ich dagegen fordere (bzw. Beibehaltung des Ist-Zustandes)
- Ich begründe meine Forderung (Argument für Ist-Zustand)

Mit dieser Gliederung soll eine Veränderung des Ist-Zustandes verhindert werden: Der Redner reagiert auf die Anti-These mit seiner eigenen These, die er begründet und zum Schwerpunkt seiner Argumentation macht.

- A behauptet/fordert (bzw. Antithese A)
- B behauptet/fordert (bzw. Antithese B)
- Ich behaupte/fordere (meine These)

Der Redner entwickelt einen Kompromiss oder einen dritten Weg.

Fünf-Punkte-Gliederungen

Diese komplexeren Baupläne sind eine Weiterentwicklung der Drei-Punkte-Gliederungen und diesen vorzuziehen, wenn sich der Redner fünf Punkte merken kann und über genügend Redezeit verfügt.

- Interesse wecken
- Kerngedanken nennen
- Kerngedanken begründen
- Vorteile für Zuhörer aufzeigen
- Zum Handeln auffordern

Bei dieser Gliederung steht der Versuch im Vordergrund, Zuhörer, die dem Thema zunächst noch gleichgültig gegenüberstehen, zu etwas zu bewegen.

- ⦿ Die Gegenseite behauptet, fordert (Antithese)
- ⦿ Ich dagegen behaupte, fordere (These)
- ⦿ Mein erstes Argument (evtl. mit Stütze)
- ⦿ Mein zweites Argument (evtl. mit Stütze)
- ⦿ Mein bestes Argument (mit starker Stütze)

- ⦿ Die Gegenseite behauptet, fordert ... (Antithese)
- ⦿ Dagegen spricht ... (Argument 1)
- ⦿ Dagegen spricht außerdem ... (Argument 2)
- ⦿ Dagegen spricht schließlich ... (Argument 3)
- ⦿ Deshalb behaupte, fordere ich ... (These)

Mit diesen beiden Gliederungen wird eine Gegenposition argumentativ widerlegt; im ersten Fall wird zunächst die These formuliert und dann begründet (deduktive Argumentation), im zweiten Fall führen die Argumente zur These hin (induktive Argumentation).

- ⦿ Ist- Zustand
- ⦿ Soll-Zustand
- ⦿ Darstellung einzelner Lösungsvorschläge (z. B. als Dreiergruppe: A, B und C)
- ⦿ Abwägen der jeweiligen Vor- und Nachteile
  - Vorteil und Nachteile von A
  - Vorteil und Nachteile von B
  - Nachteil und Vorteile von C
- ⦿ Entscheidung des Redners für C mit Appell an die Zuhörer

Eine anspruchsvolle Gliederung, die ein hohes Maß an Konzentration verlangt.

- ⦿ Schilderung des Problems
- ⦿ Warum es nicht hingenommen werden kann (eigene Betroffenheit, besser: Nachteile für die Zuhörer)
- ⦿ Konstruktiver Vorschlag (These; Wer sollte was, wann, wie, wo machen?)
- ⦿ Vorwegnahme eines Gegenarguments mit Entgegnung (Widerlegung oder zumindest Relativierung)
- ⦿ Gezielter Schluss-Satz zur Bekräftigung der These

Eine Redegliederung mit hoher Wirksamkeit bei kontroversen Themen.

Ein Beispiel für offene Gliederungen

- ⦿ Warum überhaupt dieses Thema?
  - Warum spreche ich zu diesem Thema?
  - Was ist daran für die Zuhörer besonders wichtig?
  - Welche Aspekte werden behandelt?
- ⦿ Wie sehe ich das Thema?
  - Wie ist die kritisierte Situation beschaffen?
  - Welche (negativen) Folgen hat dies?
  - Was muss sich ändern?
  - Wie kann es geändert werden?
  - Was fordere ich?
  - Welche (positiven) Folgen hätte die Veränderung?
  - Wie kann ich dies beweisen oder untermauern?
  - Welchen Einwand muss ich vorwegnehmen?
  - Welche Vision/Botschaft möchte ich vermitteln?
- ⦿ Wie gehen wir mit dem Thema um?
  - Was können/sollten die Zuhörer tun?
  - Fragen der Zuhörer? (Diskussion)
  - Gezielter Schluss-Satz: Tut es!

Die Grundgliederung Einleitung, Hauptteil, Schluss wird hier ausgebaut und ganz flexibel dem Thema angepasst. Der Hauptteil umfasst drei Mal so viele Gliederungspunkte wie jeweils Einleitung und Schluss.

Die sprachliche Gestaltung: verständlich und wirkungsvoll

Nachdem das Thema mit seinen Aspekten genau umrissen und der Vortrag in sich gegliedert ist, kann sich der Redner an das Ausformulieren machen. Die sprachliche Gestaltung soll situationsangemessen sein, sie hängt also ab vom Thema, von der Zuhörerschaft, von Anlass und Redegattung, aber auch vom persönlichen Stil des Referenten. Darüber hinaus wird die Sprachgestaltung auch davon beeinflusst, ob der gesamte Redetext schriftlich fixiert oder nur in Stichworten festgehalten und mündlich formuliert wird *(vgl. hierzu S. 18)*.

Stets sollte sich der Vortrag am Kriterium der Verständlichkeit orientieren. Machen wir uns kurz den Unterschied zwischen geschriebener und gesprochener Sprache bewusst: Geschriebene Sprache ist für den Lesevorgang konzipiert. Da der Leser selbst sein Lesetempo bestimmt und Nicht-Verstandenes noch einmal nachlesen kann, darf dieser Sprachstil komplexer und anspruchsvoller sein. Für das Zuhören bedarf es dagegen eines Sprachstils, bei dem der Text beim einmaligen Hörvorgang unmittelbar verstanden wird.

Verständlichkeit ist also das erste Ziel, das bei der sprachlichen Gestaltung anzustreben ist. Wie aber lässt sie sich erreichen und wie kann man sie überprüfen? Dies beginnt bei der Wortwahl: Der verwendete Wortschatz sollte möglichst einfach und konkret sein. Mehrdeutigkeiten und unnötige Fremdwörter sind unbedingt zu vermeiden. Abstrakte Aussagen sind zu konkretisieren. Wenn Fachbegriffe nicht bei allen Zuhörern vorausgesetzt werden können, müssen sie definiert und ausführlich erläutert werden. In vielen Vorträgen stellen Zahlen ein besonderes Problem dar, denn was in geschriebenen Texten in Ruhe nachgelesen und überprüft werden kann, soll beim Zuhören ja sofort verstanden werden. Daher sollte Zahlenmaterial auf maximal drei Werte reduziert und darüber hinaus vereinfacht werden. Dies geschieht durch Auf- oder Abrundung oder durch Umwandlung in Brüche oder Faktoren, in Indexzahlen oder Prozentwerte. Lässt sich das Zahlenmaterial nicht auf wenige merkbare Daten reduzieren, sollte es grafisch dargestellt oder als Begleitmaterial ausgegeben werden.

Vergleichen Sie die Wortwahl in den verschiedenen Sätzen.

Mit welchen Methoden gelangen wir vom Ist- zum Soll-Zustand?	Auf welchem Weg erreichen wir das Ziel?
Die Bipolarität der Welt hätte beinahe zu einer atomaren Eskalation geführt.	Die Aufteilung der Welt in zwei Machtblöcke hätte beinahe einen Atomkrieg ausgelöst.
Albert Einstein wurde am 14. 3. 1879 in Ulm geboren und starb am 18. 4. 1955 in Princeton bei New York.	Albert Einstein wurde 1879 in Ulm geboren. Er starb 1955 in den USA.
Das Kraftfahrzeugaufkommen ist auf dieser Strecke zwischen 1979 und 1999 von durchschnittlich 79 195 auf 162 349 Fahrzeuge pro Tag gestiegen. Das entspricht einem Zuwachs von 105 Prozent.	Das Kraftfahrzeugaufkommen hat sich auf dieser Strecke in den letzten 20 Jahren mehr als verdoppelt: 1979 waren es im Durchschnitt rund 80 000 Fahrzeuge pro Tag, 1999 mehr als 160 000.
Der soziale Rechtsstaat hat den verfassungsrechtlichen Auftrag, die Verwirklichung des Prinzips der Freiheit auf Kosten der Gleichheit zu verhindern, und das gilt natürlich auch umgekehrt.	Welchen Verfassungsauftrag hat der soziale Rechtsstaat? Die Grundsätze der Freiheit und der Gleichheit garantieren ein Gleichgewicht: Freiheit darf nicht zu Ungleichheit und Gleichheit darf nicht zu Unfreiheit führen.

Verständlichkeit wird aber auch durch den Satzbau erreicht: Der Satz sollte nach Sinn- und Sprecheinheiten gegliedert sein; dabei sollte Zusammengehörendes möglichst nahe beieinander stehen und Aussageschwerpunkte sollten so platziert sein, dass sie auch mit einem Betonungsschwerpunkt zusammenfallen.
Vermieden werden sollten Voranstellungen und Einschübe, wenn sie zu komplex sind oder einen eigenen Aussageschwerpunkt enthalten. Auch Verschachtelungen oder die Aneinanderreihung von Substantiven erschweren das Verständnis. Statt dessen sollte der Satz durch aussagekräftige Verben strukturiert sein. Mitunter verliert der Satz auch an Klarheit, wenn die Handelnden, Betroffenen oder Angesprochenen ungenannt bleiben. Daher sollten die Sätze so gestaltet sein, dass immer klar ist, wer handelt, wer davon betroffen ist und wen dies etwas angeht.

Eng verbunden mit der Satzstruktur ist die Satzlänge: Sätze mit mehr als zwanzig Wörtern sollten auf ihre Verständlichkeit hin überprüft werden. Erweisen sie sich tatsächlich als schwer verständlich, kann man sie entweder kürzen oder ihren Inhalt auf mehrere Sätze aufteilen.

Ein Beispiel zeigt allerdings, dass Verständlichkeit weder durch lange noch durch kurze Sätze allein erreicht wird, sondern durch den sinnvollen Wechsel:
»Keine noch so kluge Theorie, keine noch so ausgefeilte Kalkulation ersetzt die grundlegende Erfahrung der Menschen aller Kulturen und Religionen, dass der Mensch sich dem anderen erst dann wirklich zuwendet, wenn er mit ihm teilt. Wirklich vereint werden wir erst sein, wenn wir zu dieser Zuwendung bereit sind. Wir können es. Und viele – ich glaube die meisten – wollen es auch.«
Bei diesem Ausschnitt aus seiner feierlichen Ansprache zur deutschen Wiedervereinigung am 3. Oktober 1990 scheut sich der damalige Bundespräsident Richard von Weizsäcker nicht, nach einem langen und einem Satz mittlerer Länge auch zwei wirkungsvolle Kurzsätze zu formulieren mit nur drei, vier und fünf Wörtern.

Vergleichen Sie den Satzbau in den beiden Absätzen. Welcher Stil ist verständlicher? Warum?

In dem ersten Punkt geht es um eine Methode, die wir alle schon kennen und von der aus Gründen, die ich im Folgenden noch erklären möchte, abzuraten ist. Es handelt sich hierbei um das uns allen bekannte Manuskript. Das ist ein ausformulierter Text, bei dem jeder Satz der Rede von vornherein festgelegt ist. Diese Methode ist bei gewissen Rednern durchaus beliebt: Da man – wir alle können dies wohl nachvollziehen – Angst hat, den Faden zu verlieren oder ein so genanntes Blackout zu bekommen, klammert man sich an den – Sicherheit vortäuschenden – ausformulierten Text und liest jeden der wohl durchdachten, stilistisch ausgefeilten, aber syntaktisch meist überladenen Sätze ab, ohne dabei die Zuhörer, die ja möglichst nicht vom Text ablenken dürfen, zu beachten.

Ich komme zu einer Methode, die bei öffentlichen Reden des Öfteren zu beobachten ist, die ich aber ausdrücklich ablehne. Ich meine das Ablesen von einem Manuskript. Bei dieser Methode ist jeder Satz schriftlich fixiert. Wer Angst hat den Faden zu verlieren, klammert sich verständlicherweise gerne an den ausformulierten Text. Das Ablesen mag dem Redner zwar ein gewisses Gefühl der Sicherheit geben, denn die geschriebene Sprache ist besser durchdacht und stilistisch ausgefeilter. Es hat aber zwei entscheidende Nachteile: Erstens ist der Satzbau im Vergleich zur gesprochenen Sprache meist komplizierter und damit für den Zuhörer schwerer verständlich. Und zweitens fühlt sich der Zuhörer, wenn der Blickkontakt fehlt, nicht persönlich angesprochen.

Wie bereits beobachtet ist für die Verständlichkeit auch die Struktur des gesamten Textes von Bedeutung: Vor allem sollte der Redetext so gegliedert sein, dass er für den Verstehensprozess des Zuhörers hilfreich ist. Daher sollte der Redner immer die gedankliche Grundstruktur beachten:

- Worüber spreche ich?
- Warum geht dies die Zuhörer an?
- Was weiß der Zuhörer bereits?
- Welche Information(en) muss ich ihm neu vermitteln?
- Welche Schlussfolgerungen soll der Zuhörer daraus ziehen?

Bei neuen Gliederungspunkten muss immer deutlich werden, worum es gerade geht und welche Zusammenhänge und Gegensätze sich dadurch ergeben.

Ein letztes Kriterium für die Verständlichkeit von Vorträgen ist die Informationsmenge und Informationsdichte: So sollten nicht mehr Informationen gegeben werden, als der Zuhörer verarbeiten kann. Notfalls muss das Thema enger gefasst und um einige Aspekte reduziert werden. Neue Informationen sollten erst durch Erläuterungen und Beispiele veranschaulicht werden, bevor weitere Informationen hinzukommen. Sätze sollten grundsätzlich nicht mehr als eine wesentliche Neuinformation enthalten. Aufzählungen sollten so gegliedert sein, dass sie vom Zuhörer leicht verarbeitet werden können.
Entscheidend ist aber, dass der Zuhörer Zeit hat die einzelnen Informationen zu verarbeiten und dass er weiß, für welches Argument oder für welchen Aspekt die neuen Informationen dienlich sind.

Ob ein Redetext wirklich verständlich ist, lässt sich kaum durch ein Probelesen des Manuskripts überprüfen, sondern nur durch ein »Probehören« mit fremden Ohren. Ein Beispiel: Der amerikanische Präsidenten F. D. Roosevelt hatte lange an seiner Rede zur Behebung der Weltwirtschaftskrise gefeilt. Den endgültigen Entwurf las er einem Handwerker im Weißen Haus vor mit der Bitte: »Wenn Sie etwas nicht verstehen – unterbrechen Sie mich!« Der Mann unterbrach die Rede an drei Stellen. Und prompt machte der Präsident die Formulierung verständlicher. Diese Du-Orientierung hat nicht wenig zur Popularität Roosevelts beigetragen, der schließlich – in einer Ausnahmeregelung von der Amerikanischen Verfassung – sogar ein drittes Mal zum Präsidenten gewählt wurde.
Was dieser Handwerker dem Präsidenten, das könnte im Alltag der Mitschüler, der Kommilitone, der Kollege sein. Man muss ja nicht Präsident sein, um eine vertraute Person zu bitten, sich den Vortrag einmal anzuhören und auf seine Verständlichkeit hin zu überprüfen.

Sie haben das Angebot der örtlichen Volkshochschule angenommen, einen zwanzigminütigen Vortrag für interessierte Laien zu halten. Als Themen wurden Ihnen angeboten:

- Wie funktioniert ein Handy und was ist beim Kauf zu beachten?
- Erste Schritte am neuen Computer
- Wozu brauchen ältere Menschen das Internet?

Entscheiden Sie sich für eines der vorgeschlagenen Themen, machen Sie sich sachkundig und bereiten Sie einen für technische Laien verständlichen Vortrag vor!

Auch der Stil einer Rede wirkt sich auf die Verständlichkeit aus. Die antike Rhetorik unterschied drei Stilarten: den niederen, den mittleren und den hohen Stil. Der niedere Stil ist einfach und nahezu schmucklos, er dient vorrangig der Informationsvermittlung und ist daher auf optimale Verständlichkeit angelegt. Der mittlere Stil will dagegen schwerpunktmäßig unterhalten. Er bedient sich einfacher Stilfiguren und ist neben der Verständlichkeit auf Wirkung angelegt. Der hohe Stil will dagegen die Zuhörer bewegen und für ein großes Thema begeistern. Er benötigt – mitunter auf Kosten der Verständlichkeit – Redeschmuck und Pathos. Welche Stilart auch verwendet wird, sie muss der Redesituation angemessen sein. Deutlich wird damit auch, dass die Sprachgestaltung neben der Verständlichkeit

eine zweite Forderung erfüllen soll: Sie sollte auch auf Wirkung angelegt sein.
Daher genügt es nicht, einfach und prägnant zu formulieren. Solche Vortragstexte wären vielleicht verständlich, aber leider auch recht trocken. Oft brauchen sie zusätzliche Anregungen um auf den Zuhörer zu wirken: Die nahrhafte Informationssuppe braucht Pfeffer, Salz und andere Gewürze um auch zu schmecken!
Verständlichkeit heißt also nicht, dass der Text jeden Anreiz für den Zuhörer verliert. Verständliche Texte brauchen vielmehr zusätzliche Anregungen, die über die reine Darstellung eines Sachverhalts hinausgehen. Verständlichkeit und Wirkung schließen sich also nicht gegenseitig aus, vielmehr ergänzen sich diese beiden Texteigenschaften. Wenn für den Redeerfolg Verständlichkeit die notwendige Voraussetzung darstellt, so ist Wirkung seine hinreichende Voraussetzung.

Wirkungsvolles Sprechen beginnt schon bei der Einleitung: Niemand wird »einfach nur so anfangen«, sondern überlegen, wie er die Aufmerksamkeit und das Wohlwollen der Zuhörer gewinnt, wie er zum Thema hinführt und welche Aspekte er herausstellt. Nur unerfahrene Redner beginnen ihren Vortrag, ohne die Wirkung ihrer Einleitung zu bedenken:

»Wenn ich heute über die Ursprünge des Christentums spreche, so stellt es gewiss ein schwieriges Unterfangen dar, auf der Basis des unsicheren Forschungsbestandes ein solch umfangreiches Thema auch nur annähernd vollständig darzustellen. Allein die Vorgeschichte ist ausgesprochen undurchsichtig. Ich muss auch eingestehen, dass es mir angesichts der Kürze der Vorbereitungszeit nicht möglich war, alle Aspekte zu durchleuchten. Wie dem auch sei, ich beginne am besten mit der Vorgeschichte …«

Geschickter wäre ein Einstieg, der gezielt die Relevanz der Fragestellung deutlich macht und die Neugierde des Zuhörers weckt:

»Als der Apostel Paulus um 60 n.Chr. nach Rom kam, glaubte die Mehrzahl der Römer an Jupiter und die anderen altrömischen Gottheiten. Viele glaubten gar an den Genius ihres Kaisers, den sie als obersten Priester verehrten. Auch die östlichen Gottheiten der Kybele und des Mithras erfreuten sich einer dynamisch wachsenden Anhängerzahl. 250 Jahre später bekannten sich trotz grausamster Verfolgungen 15 Prozent der römischen Staatsbürger zum Christentum. 320 Jahre nach der Ankunft des Apostels in Rom wurde das Christentum zur Staatsreligion erklärt. Heute bekennen sich mehr als zwei Milliarden Menschen zur größten Weltreligion – dem Christentum.
In meinem Referat möchte ich der Frage nachgehen, wie und warum sich die einstige »jüdische Sekte«, diese »unerlaubte Religion«, schließlich gegen Jupiter und die Kaiser, gegen Kybele und Mithras durchsetzen konnte. Dabei beschränke ich mich auf zwei Aspekte. Erstens: Welche Glaubensinhalte machten das Christentum so attraktiv? Und zweitens: Welche gesellschaftlichen Verhältnisse begünstigten seinen Aufstieg?«

Wirkungsvolles Sprechen zeigt sich aber auch im Schlussteil. Der Sachvortrag über den Erfolg des Christentums muss keineswegs so enden:

»So, das war's, was ich Euch erklären wollte, es gäbe ja noch viel dazu zu sagen, aber in Anbetracht des Zeitrahmens habe ich mich eben auf das Wesentliche beschränkt. Wenn ihr jetzt keine Fragen mehr habt, würde ich mein Referat beenden und euch danken für eure Aufmerksamkeit.«

Wirkungsvoller endet der Sachvortrag, wenn der Redner kurz und prägnant nochmals die beiden zentralen Aspekte zusammenfasst:

»Ihr seht, es gibt eine Vielzahl von Erklärungsversuchen für den Aufstieg des Christentums. Wenn Ihr mich fragt, welche Theorie ich für die plausibelste halte, so möchte ich nochmals daran erinnern, dass es – bis hin zu den Sklaven – vor allem die unteren Schichten waren, die das Christentum zur Massenbewegung machten. Denn wie keine andere Religion der damaligen

Zeit hat die christliche Lehre diesen Menschen zwei Ideen gegeben, die gerade für sie von größter Bedeutung waren: das Gebot der Nächstenliebe und die Hoffnung auf eine Erlösung. Beides verbunden mit der Verheißung einer gerechteren Welt, dies scheint mir der wichtigste Grund zu sein für den Aufstieg des Christentums.«

Auch im Hauptteil, also bei der Darstellung des Sachverhalts, wird der Redner nicht einfach die Sache für sich sprechen lassen, sondern er wird sich bemühen möglichst treffend zu formulieren und die Sätze so zu gliedern, dass sie eingängig sind. Sobald er darüber hinaus nach Bildern und passenden Vergleichen sucht, tritt neben die Verständlichkeit das Bemühen um eine bessere Wirkung des Redetextes.
Auf Wirkung angelegtes Sprechen findet sich sehr häufig im Bereich der Politik. Der Philosoph Max Weber hat davon gesprochen, dass Politiker angesichts der Sachzwänge und Widerstände mit kräftigem Engagement, aber auch mit Ausdauer, Weitsicht und Geduld ihre Ziele verfolgen müssen. Er griff dabei zu einem einfachen Vergleich: »Die Politik bedeutet ein starkes, langsames Bohren von harten Brettern mit Leidenschaft und Augenmaß zugleich.« Durch solche bildhaften Vergleiche werden abstrakte Gedanken anschaulich und unmittelbar einsichtig. Nicht zuletzt deshalb werden in der Sprache der Politik sehr viele Metaphern verwendet:

Wenn eine »absolute Schieflage« »gefährlichen sozialen Zündstoff« in sich birgt, dann müssen die Probleme, die »auf den Nägeln brennen«, als »heiße Eisen angepackt« und »auf den Tisch gelegt« werden. Je nach Thema müssen die »Mauern in den Köpfen« überwunden, »Paketlösungen« gefunden oder gar die »Keule des Gesetzes« eingesetzt werden. Wenn Gesetzesentwürfe noch »unausgegoren« sind und »schwere handwerkliche Lücken« aufweisen, verschwinden sie besser wieder »in der Schublade«. Und eine Politik, der der »klare, innere Kompass« abhanden gekommen ist, landet in der »Sackgasse«. Wer dagegen »Verkrustungen« abbaut, »Schritte in die richtige Richtung« macht und »Brücken baut«, weil er weiß, wohin die »Reise« geht, der wird zu einem »berechenbaren Pfeiler, ja zu einer der entscheidenden Stützen des europäischen Hauses« werden.
Diese kleine Collage aus Originalzitaten belegt, wie Vergleiche und Metaphern in der politischen Rede eingesetzt werden, sie zeigt aber auch, dass Übertreibungen und floskelhafte Phrasendrescherei unbedingt zu vermeiden sind.
Gezielt und mit Bedacht eingesetzt erhöhen Stilfiguren aber sowohl die Verständlichkeit als auch die Wirkung von Redetexten. Daher ist es ratsam, die wichtigsten Stilfiguren zu kennen.

Rhetorische Figuren

Bildhafte Figuren

Metapher

Nur wer sich engagiert, schlägt Wurzeln. (A. Merkel)

Wer jeden blühenden Baum als eigene Leistung deklariert, haftet dann eben auch für jeden verwelkten. (G. Gysi)

Bildhafter Vergleich

Mit dem Wort »Wende« habe ich meine Schwierigkeiten. Ich sehe da ein Segelboot. Der Kapitän ruft: »Klar zur Wende?«, weil der Wind sich gedreht hat oder ihm ins Gesicht bläst. Und die Mannschaft duckt sich, wenn der Segelbaum über das Boot fegt. Aber stimmt dieses Bild noch? (C. Wolf)

Wer mit dem Zeigefinger allgemeiner Vorwürfe auf den oder die vermeintlichen Anstifter oder Drahtzieher zeigt, sollte daran denken, dass in der Hand mit dem ausgestreckten Zeigefinger zugleich drei andere Finger auf ihn selbst zurückweisen. (G. Heinemann)

Personifizierung

Setzen wir Deutschland sozusagen in den Sattel. Reiten wird es schon können! (O. v. Bismarck)

Figuren der Wiederholung

Alliteration

Verantwortung, Veränderung, Vertrauen: So haben wir unsere Aufgabe [...] beschrieben. (A. Merkel)

Millionen und Milliarden werden für einen Krieg verpulvert, und Millionen Menschen in der weiten Welt hungern. Soll das vernünftig sein, gar gottgewollt? (Bischof F. Kamphaus)

Anapher und Epipher

Das Wesen des Staates ist nicht die Regierung, und das Wesen des Staates ist nicht die Opposition. Das Wesen des Staates ist die Regierung und die Opposition. (K. Schumacher)

Lassen Sie uns also zügig handeln, konsequent handeln, aber auch mit Besonnenheit handeln. (G. Gysi)

Figuren des Satzbaus

Zweiergruppen

Worte können trennen und verbinden, vergiften und heilen. (R. Süssmuth)

Dreiergruppen

Es geht darum, Tabus zu knacken, Irrwege abzubrechen und falsche Mythen zu beseitigen. (R. Herzog)

Kombination von Zweier- und Dreiergruppen: Politik ist und bleibt ein hartes, rücksichtsloses, trickreiches Geschäft um Macht und Mehrheiten. (H. Hamm-Brücher)

Parallelismus und Chiasmus

Wer, wenn nicht wir, kann die gewaltigen Aufgaben unserer Zeit angehen? Wann, wenn nicht jetzt, können wir die Chance nutzen? (A. Merkel)

Wir bauen auf Europa, und Europa kann auf uns bauen! (J. Rau)

Steigerung und fallende Linie (Klimax und Antiklimax)

Man hat versucht, uns in Lager aufzuteilen, in Flügel aufzuspalten, Keile zwischen uns zu treiben. Aber alles ist gescheitert. (A. Merkel)

Das ist für mich nach wie vor keine Selbstverständlichkeit. Ich bin erfreut, erstaunt und manchmal immer noch sprachlos. (A. Merkel)

Einflechtung

Im April dieses Jahres war eine Inflationsrate von 1,5 Prozent – ich unterstreiche: 1,5 Prozent – zu verzeichnen, während sie im März noch bei exakt 1,9 Prozent lag. (G. Schröder)

Sprachliche Konkretisierungen

Umschreibung

... obwohl die Deutschen gegenüber Polen, dem viermal geteilten, brutal überfallenen und versklavten Nachbarn im Osten, eine mit nur wenig sonst zu vergleichende historische Schuld tragen. (J. Fischer)

Definitionen

Das Parlament – »parlare« heißt reden; insofern sind Parlamente »Redehäuser« – ist der Ort der politischen Rede. Es ist der Ort, an dem sich Politik auf öffentliches Sprechen konzentriert und zum politischen Handeln führt. (R. Süssmuth)

Verdeutlichung (Correctio)

Ich denke, ich hoffe, die Freunde der Verfassung, die Verfassungspatrioten, bilden bei uns den stärkeren Teil. (Dolf Sternberger)

Antithese

Soweit es in unserer Macht liegt, soll alles geschehen, damit Spannungen nicht verschärft, sondern abgebaut werden, damit zwischen den Völkern in Ost und West nicht Misstrauen, sondern Vertrauen wächst. (W. Brandt)

Sprachspielerische Figuren

Wortspiel

Die Bundeswehr ist überdimensioniert und unterfinanziert. (A. Beer)

Schlagwort/Sentenz/Motto

Soviel Wettbewerb wie möglich und soviel Staat wie nötig. (K. Schiller)

Ironisierung

Frau Präsidentin! Liebe Kolleginnen und Kollegen! Ich habe eine Redezeit von drei Minuten.

Das ermöglicht es mir, das Problem in seiner gesamten philosophischen, religiösen, juristischen, ökonomischen, ökologischen, sozialen, sozial-kulturellen und nicht zuletzt politisch-ideologischen Tiefe zu ergründen. (G. Gysi)

Du-orientierte Figuren

Direkte Anrede

Dazu will ich sprechen, und ich hoffe, das so zu tun, dass man auf allen Bänken dieses Hauses wenigstens fühlen kann: nostra res agitur.
(C. Schmid an alle Bundestagsabgeordneten)

Rhetorische Frage

Was bitte schön ist ehrenvoll an einer Zusage, die man unter Bruch der Verfassung einhält?
(R. Schlauch)

Anheimstellen der Entscheidung

Entscheidet daher mit Umsicht und Tatkraft [...] Ihr habt einen Konsul, der nicht zögert, eure Beschlüsse zu befolgen, und der bis zu seinem letzten Atemzuge für das, was ihr festsetzt, einzutreten und sich selbst zu verbürgen vermag.
(Cicero)

a

Untersuchen Sie die Beispiele: Wie sind diese Figuren »gemacht«, welche charakteristischen Eigenschaften haben sie? Was leisten Sie für die Wirkung? Geben Sie eine kurze schriftliche Definition.
Kreuzen Sie diejenigen rhetorischen Figuren an, die Sie selbst bei einer Meinungsrede verwenden würden.
Untersuchen Sie eine öffentliche Rede der jüngeren Vergangenheit aus Politik und Gesellschaft (Regierungserklärung, Rede bei der Entgegennahme des Büchnerpreises oder des Friedenspreises des deutschen Buchhandels, ...): Welche rhetorischen Figuren werden verwendet? Benennen Sie die Figuren, die Sie wiedererkennen.

Während rhetorische Figuren dem Redeschmuck dienen, bringt der gezielte Schluss-Satz die Botschaft nochmals prägnant auf den Punkt. Da die Technik des gezielten Schluss-Satzes besonders intensiv in politischen und festlichen Reden angewandt wird, seien Beispiele aus diesen Bereichen angeführt. Sie zeigen, dass der gezielte Schluss-(Ab-)Satz häufig mit einer pointierten Zusammenfassung oder einem Appell endet, wobei die Formen aber sehr vielfältig sind.
Tipp: Lesen Sie die Schluss-Sätze laut, damit Sie sich auch über Satzrhythmus und Klang einen Eindruck verschaffen können.

Gezielte Schluss-Sätze

Ich habe gesprochen, ihr habt es gehört, ihr kennt die Fakten, trefft eure Entscheidung.
(Aristoteles)

So kann und will ich nichts widerrufen, weil wider das Gewissen zu handeln beschwerlich, unheilsam und gefährlich ist. Gott helfe mir! Amen! (M. Luther)

Das Alte und Morsche, die Monarchie ist zusammengebrochen. Es lebe das Neue! Es lebe die Deutsche Republik! (Ph. Scheidemann)

Heute ist noch Zeit, erstens zu prüfen, zweitens zu entscheiden und drittens in europäischer Verantwortung danach zu handeln. Es lebe Europa!
(F. J. Strauß)

Alle freien Menschen, wo immer sie leben mögen, sind Bürger dieser Stadt West-Berlin, und deshalb bin ich als freier Mann stolz darauf, sagen zu können: Ich bin ein Berliner!
(J. F. Kennedy)

Und wenn die Verhältnisse die Menschen bilden, so müssen, sagt Marx, die Verhältnisse selbst erst menschlich gebildet werden. So lassen Sie mich schließen mit dem kämpferisch-friedlichen Ruf: Es lebe die praktische Vernunft. (E. Bloch)

Wir wollen ein Volk der guten Nachbarn sein und werden, im Innern und nach außen.
(W. Brandt)

Die Aufgabe ist schwierig, schwieriger wohl, als sie je war. Aber sie lohnt sich. (G. Mann)

Schauen wir am heutigen 8. Mai, so gut wir es können, der Wahrheit ins Auge.
(R. v. Weizsäcker)

Und wir wissen, und lassen Sie mich das auch hier in dieser Begeisterung, die mich so erfreut, hineinsagen, wie schwierig dieser Weg in die Zukunft ist, aber ich rufe Ihnen auch zu: Gemeinsam werden wir diesen Weg in die deutsche Zukunft schaffen. (H. Kohl)

Lebendige Tradition aber – und kein Gemeinwesen kann ohne Traditionsbestände auf Dauer zusammenhalten – findet die Außenpolitik der Bundesrepublik Deutschland in ihren beiden großen Gründerfiguren, in Konrad Adenauer und Willy Brandt und deren europäischer Integrations- und Versöhnungspolitik. (J. Fischer)

Klarheit und Wahrheit auf allen Seiten! Und dann lasst uns streiten. Aber nur so! (R. Herzog)

Vom Ablesen zum freien Sprechen

Der Redner der Antike sprach grundsätzlich frei. Ob der Redner heute völlig frei spricht, sich bei seiner Rede auf Stichworte stützt oder vom Blatt abliest, hängt von der jeweiligen Redesituation und von den Fähigkeiten des Redners ab.
Häufig wird das Ablesen vom Manuskript gegen das freie Sprechen ausgespielt und Letzteres als das bessere Sprechen dargestellt. Dabei handelt es sich aber meist um Schwarz-Weiß-Malerei. Freilich ist bei gleicher sprachlicher und argumentativer Qualität das freie Sprechen, das intensiven Blickkontakt zulässt, dem sturen Ablesen vorzuziehen. Umgekehrt wäre es in bestimmten Situationen geradezu verfehlt ganz frei zu sprechen – etwa bei der großen staatsmännischen Rede, bei der jede Nuance sorgfältig abgewogen und austariert sein will. Wenn nun fünf Vermittlungsmethoden vorgestellt werden, so gehen diese alle aus von dem ernst zu nehmenden Bedürfnis nach Sicherheit: Kein Redner möchte während seines Vortrags plötzlich den Faden verlieren und nicht mehr weiterwissen. Alle fünf Methoden orientieren sich am Ziel der freien Rede. Sie unterscheiden sich allerdings hinsichtlich des Umfangs der schriftlichen Fixierung, die zur eigenen Sicherheit notwendig ist. Je nach Redesituation und rhetorischen Fähigkeiten kann sich der Redner für die jeweils am besten geeignete Methode entscheiden.

1. Das »freie Ablesen«:
Bei dieser ersten Methode wird der gesamte Redetext deutlich lesbar auf DIN-A4-Blätter geschrieben. Die einzelnen Blätter sind durch Absätze, Einrückungen und Gliederungssymbole gut durchstrukturiert. Schlüsselwörter sind optisch hervorgehoben durch Fettschreibung oder farbige Markierung. Die übersichtliche Gliederung und die Hervorhebungen ermöglichen dem

Ausgangspunkt: Bedürfnis nach Sicherheit bzw. Angst vor dem »Nicht-mehr-Weiterwissen« →

Die fünf Stichwort-Methoden
1. Das »freie Ablesen«
2. Die Methode »Halb-Halb«
3. Die Kärtchen-Methode
4. Die Stichwort-Gliederung
5. Der Medien-Trick

→ **Ziel: Die freie Rede**

Redner eine rasche Orientierung auf dem Blatt. Mithilfe der markierten Stichworte löst er sich vom ausformulierten Text, er entwickelt seinen Gedanken frei; weiß er nicht mehr weiter, findet er sich rasch wieder im Text zurecht. Auch Zitate werden sinnvollerweise abgelesen.
Wie ein solches Manuskript gestaltet sein kann, zeigt die unten abgebildete Manuskriptseite zum Thema »freies Ablesen«:

2. Die Methode: »Halb – Halb«
Bei dieser Methode werden die einzelnen Manuskriptblätter im DIN-A4-(Hoch-)Format so gefaltet, dass eine obere und eine untere Hälfte entsteht – daher der Name dieser Methode! Dann wird der Redetext Blatt für Blatt auf die obere Hälfte geschrieben. Auf der unteren Hälfte werden der entsprechende Leitgedanke und ergänzend einige weiterführende Stichworte aufnotiert. Dabei ist darauf zu achten, dass die Stichworte unten dem Inhalt oben entsprechen.

Die Bezeichnung **»freies Ablesen«** wirkt auf den ersten Blick **paradox,** dieser Widerspruch lässt sich aber leicht auflösen: Der Redetext **muss** ja **nicht abgelesen werden** – er kann ja mithilfe einzelner Stichworte frei gesprochen werden! Auch wenn sich der Redner **vom Redetext löst,** verleiht diese Methode dem Redner **optimale Sicherheit,** und dies gleich aus vier Gründen:

1. Zunächst hat sich der Redner den Text, indem er ihn selbst sorgfältig formuliert hat, bereits **sprachlich angeeignet.**
2. Dann hat er den Text zuvor mehrfach laut geübt und sich dabei eine Reihe von **Wendungen eingeprägt.**
3. Sicherheit gibt außerdem die **beruhigende Gewissheit,** dass er jederzeit vom Manuskript **ablesen könnte.**
4. Entscheidend ist aber, und das ist der vierte Grund, dass bei dieser Methode die **wichtigsten Stichworte** im Text markiert sind. Diese **Markierungen** laden dazu ein, den Gedanken **frei** zu **entfalten.** Sie bieten eine feste Orientierung und weisen notfalls den Weg zurück zum Manuskript.

Nicht unwichtig ist hierbei die **technische Seite** dieser Methode. Bei einer handschriftlichen Ausarbeitung empfiehlt sich **DIN A4,** bei Maschinenschrift ist auch **DIN A5** möglich. Die Schriftgröße sollte mindestens **14 Punkte** betragen, optimal ist ein anderthalbfacher Zeilenabstand bei einer gut lesbaren Schrift. Die **Markierung** erfolgt je nach Vorliebe durch:

- Fettdruck,
- farbliche Unterlegung oder
- farbliche Hervorhebung.

Damit sich der Redner ohne Schwierigkeiten im Redetext orientieren kann, sollte das Blatt **gut durchstrukturiert** sein, und zwar durch:

- deutliche Absätze,
- Einrückungen und
- Gliederungssymbole (• , – usw.).

Bei dieser Methode ist also fast der gesamte Redetext ausformuliert, die **markierten Stichworte** aber laden ein, sich **vom Text** zu **lösen** um schließlich **möglichst frei** zu sprechen.

Die obere Hälfte wird abschließend nach hinten umgeklappt und auf der Rückseite mit der unteren Hälfte so verklebt, dass stabile Kärtchen im DIN-A5-Format entstehen. Der Redner entwickelt nun seine Gedanken möglichst frei mithilfe der Stichworte. Auf den ausformulierten Redetext der Rückseite greift er nur dann zurück, wenn er nicht mehr weiter weiß oder wenn er zitiert.

3. Die Kärtchen-Methode

Hierbei verwendet man Karteikarten im Format DIN A6 oder DIN A7, die während des gesamten Redebeitrags in der Hand behalten werden. Jedes Kärtchen enthält in der Überschrift einen Leitgedanken sowie drei bis fünf weiterführende Stichworte (vgl. Beispiele).

Der Redner versucht zunächst anhand der Leitgedanken auf den Kärtchen seine Rede möglichst frei zu halten. Fehlt ihm ein »Anschlussgedanke«, so stützt er sich auf die nachfolgenden Stichworte. Die Kärtchen werden in der Regel nur auf der Vorderseite beschrieben, die Rückseite bleibt Hintergrundinformationen vorbehalten. Um Durcheinander zu vermeiden werden die Kärtchen durchnummeriert.

1

Warum häufig nicht frei?

Ideal:	*Gute Redner sprechen frei!* *· sicher, glaubwürdig* *· Blickkontakt, Feedback*
Aber:	*Aufregung (Lampenfieber)* *Angst den Faden zu verlieren*
Daher:	*stures Ablesen vom Manuskript* *kein Blickkontakt*

2

Stichworte als Lösung!

Besser:	*Stichworte als Impulsgeber* *(Prinzip Sprechdenken)*
Übersicht:	*Fünf Methoden* *· Entwicklung für den Redner* *· Von 1 nach 5: Text-Reduktion*
Formel:	*So sicher wie nötig (Text)!* *So frei wie möglich (Stichworte)!*

4. Die Stichwort-Gliederung

Bei dieser Methode verwendet der Redner möglichst nur ein einziges DIN-A4-Blatt, das gut sichtbar und leicht erreichbar vor ihm liegt. Darauf stehen groß und deutlich (z. B. mit Filzstift geschrieben) die Leitgedanken in Stichworten. Mit Bleistift können zusätzliche Stichworte als Stütze aufnotiert werden. Am Blattende steht – in Stichworten oder ausformuliert – der gezielte Schluss-Satz. Der Redner versucht anhand der Leitgedanken seine Rede frei zu formulieren. Dabei löst er sich weitgehend vom Blatt. Nur im »Notfall« greift er auf die stützenden Stichworte zurück. Die Abbildung auf S. 35 zeigt, wie der gesamte Vortrag »Vom Ablesen zum freien Sprechen« bei Methode 4 gestaltet wird.

Bevor wir zur letzten Methode gelangen, noch einige Anregungen: Bei den ersten vier Methoden ist es auch möglich, mit so genannten »Regieanweisungen« zu arbeiten, die dem Redner bei der »pronuntiatio« oder dem Vortrag selbst helfen, den Text wirkungsvoll vorzutragen; hierzu einige Beispiele:

- Das Symbol ☺ fordert den Redner auf, gezielten Blickkontakt aufzunehmen.
- Hinweise wie **»Folie auflegen«** oder **»Ideen auf Flipchart sammeln«** sind für den gezielten Medieneinsatz hilfreich.
- Aufforderungen wie **»Langsam«, »Leise werden«** oder **»Laut!«** stehen stets dann, wenn Variationen der Sprechweise sinnvoll sind.
- Unterstreichungen dienen der Betonung von Aussageschwerpunkten.
- Von besonderer Wichtigkeit ist schließlich auch das Pausenzeichen (**P** oder **!**), denn: eine gut gesetzte Pause **!** kann wirken **!** wie ein Schrei **!**

Diese Regieanweisungen sollen die Wirkung des Vortrags verbessern, nicht aber zu theatralischem, unnatürlichem Gehabe verführen. Die beabsichtigte Wirkung kann nur erzielt werden im Rahmen eines glaubwürdigen und natürlichen Auftretens. Damit der Redner auch wirklich sicher sprechen kann, sollte er bei der Stichwort-Gliederung sowie bei der Kärtchen-Methode mit dem Sprechdenken vertraut sein und es beim

Vortrag: Vom Ablesen zur freien Rede

Einleitung: Gute Redner sprechen frei!

Folie auf TL — Aber Unsicherheit, daher stures Ablesen
Lösung: fünf Methoden im Überblick
Grundsatz: sicher und frei

Meth. 1: »Freies Ablesen«

Blatt 1 zeigen — DIN-A4 (oder DIN-A5), gut durchstrukturiert
Zeilenabstand: 1 oder 1 1/2, Schriftgrad: 14 Pkt
ausformulierter Text, aber markierte Stichworte zum freien Sprechen

Meth. 2: »Halb-Halb«

Blatt 2 zeigen — DIN-A4; ausformulierter Text auf der oberen Hälfte
entsprechende Stichworte auf der unteren Hälfte
mithilfe der Stichworte möglichst frei (Ausnahme: Blackout, Zitat)

Meth. 3: Kärtchen-Methode

Kärtchen zeigen — DIN-A7 od. A6, Leitgedanke und nur wenige Stichworte
übersichtlich, nummerieren!
Vorteile: Vorbereitung, Abänderung, Aktualisierung

Meth. 4: Stichwort-Gliederung

Blatt 3 zeigen — ein einziges DIN-A4-Blatt
Gliederungspunkte (große Schrift, fett) auf einen Blick
weitere Stichworte (kleinere Schrift) als Stütze möglich

Meth. 5: Medien-Trick

Folie 1 auf TL — Medium als Stichwort-Geber: Tafel, Flip-Chart, Folie über TL-Projektor,
Pinnwand, computergestützte Präsentation
Aber auch: Arbeitsblatt, Karte, Modell, Dia, Video …

Ziel: Freie Rede

TL-Proj. aus! — Verzicht auf Stichwort-Geber, da Gliederung logisch, übersichtlich
und deshalb leicht merkbar

Schluss:

- Frei sprechen kann jeder, wenn: 1. Methode und 2. Übung
- Appell: Methoden ausprobieren!
- Grundsatz: Bedürfnis nach Sicherheit ernst nehmen und
- gleichzeitig am Ziel der freien Rede orientieren

Probesprechen trainiert haben. Schließlich geht es um die Aufgabe, aus einzelnen Stichworten frei und flüssig ganze Sätze, Absätze und Argumentationszusammenhänge zu entwickeln.

5. Der Medien-Trick

Hierbei bedient sich der Redner eines visuellen Mediums: Folie, Pinnwand oder computergestützte Präsentation, aber auch Dias oder Modelle sind geeignet. Diese Medien werden so eingesetzt, dass sie nicht nur dem Zuhörer zum besseren Verständnis, sondern auch dem Redner als Spickzettel für seinen Vortrag dienen. Der Redner konzipiert also den Medieneinsatz im Hinblick auf die anscheinend freie Rede, daher auch die Bezeichnung »Medien-Trick«. Näheres hierzu in Kapitel 4 bei der Vorstellung der einzelnen »Präsentationstechniken«.

Endlich am Ziel: die freie Rede

Frei reden heißt auf die Verwendung von aufgezeichneten Stichworten zu verzichten. Wer sich inhaltlich gut vorbereitet hat und sich die Gliederung seines Vortrags merken kann, erfüllt bereits zwei Voraussetzungen. Um auch flüssig formulieren zu können, ist es außerdem hilfreich, zuvor schon häufiger über das Thema gesprochen zu haben (Vorversprachlichung) oder den Vortrag geübt zu haben (Probesprechen). In diesem Sinn gilt die Formel:

Freie Rede:
Sachwissen + klare Gliederung + Sprecherfahrung

Für welche der vorgestellten Vermittlungsformen man sich entscheidet, hängt von der Situation ab. Ein Schüler wird einen Antrag in der SMV möglichst ganz frei stellen, denn das wirkt auf die Mitschüler am überzeugendsten. Ein Referat im Unterricht wird er mit der Methode »Halb-Halb« oder mit der Kärtchen-Methode halten, denn in dieser Situation kommt es auf Genauigkeit und Vollständigkeit der Information an. Die feierliche Abiturientenrede zum Schulabschluss wird er dagegen mit gelegentlichem Blickkontakt weitgehend ablesen, denn in dieser feierlichen Atmosphäre vor Eltern, Lehrern und Mitschülern möchte er sein Anliegen möglichst präzise formulieren und auf gar keinen Fall vor Aufregung den Faden verlieren.
Mithilfe des »freien Ablesens« bemüht er sich aber dennoch, immer wieder Blickkontakt aufzunehmen und Einleitung und Schluss-Satz möglichst frei zu sprechen.

Neben der Situation ist ein weiterer Aspekt zu bedenken: die Erfahrung des Redners. Wer schon ab und zu ein Referat mit der Methode »Halb-Halb« gehalten hat, wird beim nächsten Mal vielleicht die Kärtchen-Methode ausprobieren. Und wenn auch dies geklappt hat, stellt die Stichwort-Gliederung die nächste Herausforderung dar. Mitunter kommt es auch vor, dass jemand, der sich auf das »freie Ablesen« eingestellt hat, beim Probesprechen feststellt, dass er den vollständigen Text gar nicht mehr benötigt. Obwohl er Methode 1 vorbereitet hat, wird er es daher mit Methode 3 oder 4 versuchen. Das bedeutet aber nicht, dass der Aufwand bei der Vorbereitung umsonst war. Ganz im Gegenteil: Erst indem er den Text gegliedert, sorgfältig ausformuliert und passende Stichworte markiert hat, hat er ihn sich so eingeprägt, dass er es nun mit der Kärtchen-Methode oder der Stichwort-Gliederung versuchen kann. An der Wahl der Vermittlungsmethode kann also der Redner auch deutlich seine Entwicklung auf dem Weg zur freien Rede ablesen!
Der innere Zusammenhang zwischen den einzelnen Vorbereitungsphasen und den Vermittlungsmethoden liegt auf der Hand: Indem ein Redner den Text ausformuliert, schreibt er ihn nicht nur aufs Blatt, sondern zum Teil ins Gedächtnis. Und wenn er den Text mehrfach zur Probe gesprochen hat, hat er sich bereits vieles gemerkt. Im Gegensatz zum antiken Auswendiglernen geht es heute in den meisten Redesituationen darum, sich die wichtigsten Redepassagen auf intelligente Weise einzuprägen, den Rest der Rede aber gestützt auf Stichworte möglichst frei zu entfalten.

Effektiv und mit Spaß: Übungen zur Stimmkräftigung und zur besseren Artikulation

Wer seine Artikulation verbessern möchte (oder muss), sollte sich für die folgenden Übungen ein wenig Zeit nehmen: Anfangs sollten es 15 Minuten sein, wenn sich die Übungen eingespielt haben bzw. wenn man eine Auswahl der für einen selbst hilfreichsten Übungen getroffen hat, genügen fünf Minuten um aufzufrischen oder das sprechtechnische Niveau zu halten.

Am besten wirken diese Übungen, wenn sie im Stehen oder in aufrechter Sitzhaltung gemacht werden und von gestischen Bewegungen begleitet werden. Die Übungen prägen sich leicht ein, sodass sie später auch beim Spazierengehen oder bei der Autofahrt zu einem Vortrag gemacht werden können.

Aufwärm-Phase:
Erst einmal herzhaft gähnen und dann den Unterkiefer bei geschlossenen Lippen locker kreisen lassen. Die Luft durch die Nase einströmen lassen und durch den Mund vollständig ausatmen, dabei die Lippen vibrieren lassen:
b b b r r r ...

Von links nach rechts locker den Bauch beklopfen und dabei rhythmisch sprechen:
d i b i d i   d a b i d i   d i b i d i   d i p
(Stimme bleibt oben)

Dann beklopfen wir unseren Bauch von rechts nach links und sprechen:
d i b i d i   d a b i d i   d i b i d i   d a p
(Stimme senkt sich)

Genauso von links:
T a k e t i n a   t u   t o   t a k u t i
(Stimme bleibt oben)

und von rechts:
K a t e k i n a   k u   k o   k a t i k u
(Stimme senkt sich)

Gezielte Lautschulung:
Die Vokale von links nach rechts und umgekehrt sprechen; dabei auf unterschiedliche Kieferöffnung und Mundwinkelbreite achten:
i – e – ü – ö – u – o – a

Genauso:
t i – t e – t ü – t ö – t u – t o – t a
d i – d e – d ü – d ö – d u – d o – d a
(Ebenso mit p und b sowie mit k und g)

Theatralisch, wie bei einer Beschwörungsformel: von oben nach unten das R guttural anklingen lassen und dabei jeweils den Vokalwechsel betonen:
K a d r a l a   K a d r a l a   K a d r a l a
K a d r a l e   K a d r e l a   K e d r a l a
K a d r a l i   K a d r i l a   K i d r a l a
K a d r a l o   K a d r o l a   K o d r a l a
K a d r a l u   K a d r u l a   K u d r a l a

Die unterstrichenen Laute der Nonsens-Sätze besonders intensiv anklingen lassen:

Peter Panter putzt sich putzig in Paris.

Bibi Blocksberg babbelt und brabbelt bloß Blech.

Guter Dinge trägt der treue Dieter das Untier durch den trüben Dreck.

Glücklich schluckt der grimmige Gerko sechs glitschige graue Krebse täglich.

Simson Sansibar, der seltsame Seemann, soll sofort seine seidenen Sonnensegel setzen.

Hasso Hesselhaus aus Hussenhofen muss Interessantes deshalb lassen.

Irgendwie findet Ignatz Igel dies wirklich nicht witzig.

Freundlich lächelnd Kirschen in der Kirche zu fischen, ist kindisch, kindlich und idiotisch zugleich.

Schwungvoll die einzelnen Wortpaare und Wortgruppen sprechen ohne dabei die Artikulation zu vernachlässigen:
pfiffige Artikulationsübungen
interessante Entwicklungen
inakzeptable Forderungen
überflüssiger Perfektionismus

C-Dur oder a-moll
Ideal und Wirklichkeit
Demokratie – jetzt oder nie

Wie wär's mit einem Zungenbrecher? Diese trainieren gleichermaßen Artikulation wie Konzentration. Sinnvoll ist die mehrmalige Wiederholung mit allmählicher Steigerung des Sprechtempos – allerdings nicht auf Kosten der Sicherheit und Flüssigkeit!
Blaukraut bleibt Blaukraut und Brautkleid bleibt Brautkleid.
oder
Es klapperten die Klapperschlangen, bis ihre Klappern schlapper klangen.
oder
Wer nichts weiß und weiß, dass er nichts weiß, weiß mehr als der, der nichts weiß und weiß nicht, dass er nichts weiß.

Effektiv sind diese Übungen nur, wenn Sie Folgendes beachten:

- Üben Sie **regelmäßig**, aber versuchen Sie nicht, etwas zu erzwingen. Nehmen Sie sich nicht selbst den Spaß durch selbst auferlegten Drill.
- Gehen Sie spielerisch an die Übungen heran, damit sie nicht langweilig werden: Variieren Sie die **Lautstärke** (normal - leise - laut), die **Tonhöhe** (normal - tief - normal - hoch - normal) oder das **Sprechtempo** (zunächst gedehnt sprechen und jeden Laut übertrieben deutlich artikulieren, dann das Tempo steigern).
- Unterlassen Sie **unnötiges Räuspern und Husten**. Achten Sie darauf, dass Sie weder zu hoch, noch zu tief, noch gepresst sprechen. Brechen Sie die Übung ab, falls die Stimme müde oder heiser werden sollte.
- Achten Sie auf die richtige **Atemtechnik:** Einatmen durch die Nase, beim Sprechvorgang durch den Mund ausatmen, die Luft nicht nur in den Brustbereich, sondern bis in den Bauchbereich hineinströmen lassen.
  Wenn sich die Flanken beim Einatmen leicht dehnen, dann sind Sie auf dem richtigen Weg zur Zwerchfellatmung.
- Artikulieren Sie möglichst **im vorderen Mundbereich.** Das steigert die Verständlichkeit.

Für das laute Lesen sollten Sie Texte sammeln, die Ihnen inhaltlich aus der Seele sprechen. Dies könnte ein Leitartikel aus Ihrer Zeitung sein, eine Kurzgeschichte oder auch das (möglichst ausdrucksstarke) Lieblingsgedicht. Pro Übungseinheit empfiehlt es sich den ausgewählten Text drei Mal zu lesen und zwar nach folgendem abgestuften Verfahren:

Zunächst mit mittlerer Stimme, dabei sollte jeder Laut deutlich artikuliert werden. Senken Sie nach jedem Aussagesatz die Stimme und atmen Sie vollständig aus. Machen Sie eine kurze Pause und atmen Sie dann über die Nase wieder ein.

Beim zweiten Lesen sollten Sie sich nur auf die Betonungsschwerpunkte konzentrieren.

Probieren Sie in jedem Satz unterschiedliche Betonungen aus und unterstreichen Sie dann die Wortgruppe, die Sie betonen wollen.

Ein Beispielsatz mag dies verdeutlichen:

Gemeinsam wollen wir mit unseren französischen Freunden Brücken bauen für die Gegner von einst.

Wie würden Sie betonen, wenn zum Ausdruck gebracht werden soll:

- Nur gemeinsam klappt es, im Alleingang hätten wir keine Chance!
- Die englischen Freunde machen nicht mit!
- Die anderen behaupten, wir müssen, aber wir wollen es wirklich von ganzem Herzen.
- Die anderen sind dagegen, aber wir wollen es.
- Zum Häuserbau ist die Zeit noch nicht reif, aber zum Bau von Brücken.
- Für Freunde braucht man keine Brücken mehr bauen, aber für die Gegner von einst, um sie als Freunde zu gewinnen.

Beim dritten Lesen steigern Sie das Lesetempo, ohne an Deutlichkeit zu verlieren oder die Pausen zu vergessen. Außerdem können Sie die Lautstärke variieren und Mimik und Gestik einsetzen. Zur Übung tun Sie so, als wäre es Ihr Text: Sie imitieren mit einem hohen Grad an Identifikation.

Falls Sie sich auch mit dem Inhalt der folgenden Rede identifizieren können, dann probieren Sie es doch gleich mit dem folgenden Auszug aus einer Ansprache, die Roman Herzog 1997 zur Bildungspolitik hielt:

Die Spatzen pfeifen es von den Dächern: Wissen ist heute die wichtigste Ressource in unserem rohstoffarmen Land. Wissen können wir aber nur durch Bildung erschließen. Wer sich den höchsten Lebensstandard, das beste Sozialsystem und den aufwendigsten Umweltschutz leisten will, der muss auch das beste Bildungssystem haben. Es stimmt nicht, dass unsere Jugendlichen Aussteiger mit Null-Bock-Mentalität sind! Es ist falsch, Lehrer pauschal als faul zu beschimpfen, obwohl sie tatsächlich mehr Unterrichtsstunden mit größeren Klassenstärken als vor wenigen Jahren bewältigen. [...]

Natürlich ist gute Bildung nicht im Billigangebot zu haben; trotzdem sind unsere Defizite nicht allein mit dem Scheckbuch zu lösen! Und erst recht ist Kosten-Nutzen-Denken nicht bildungsfeindlich. Es geht darum, Tabus zu knacken, Irrwege abzubrechen und falsche Mythen zu beseitigen:

1. Menschen sind Individuen. Sie haben unterschiedliche Begabungen. Wer das leugnet, vergisst einerseits die herausragenden Talente, die unser Bildungssystem oft genug behindert, und andererseits die weniger Begabten, denen unser Bildungswesen jeglichen Abschluss verweigert.
2. Bildung beginnt nicht erst mit dem Abitur! Praktische und theoretische Begabungen sind gleichwertig! Das muss sich auch in den Bildungsangeboten, den Abschlüssen und Berufschancen, der gesellschaftlichen Achtung niederschlagen.
3. Es gibt keine Bildung ohne Anstrengung. Wer die Noten aus den Schulen verbannt, schafft Kuschelecken, aber keine Bildungseinrichtungen, die auf das nächste Jahrtausend vorbereiten. [...]

Unser Bildungssystem war einst ein Modell für die ganze Welt. Aber es muss weiterentwickelt werden. [...] Machen wir es zu einem Modell für das 21. Jahrhundert! Schaffen wir ein Bildungswesen, das Leistung fördert, keinen ausschließt, Freude am Lernen vermittelt und selbst als lernendes System kreativ und entwicklungsfähig ist. Setzen wir neue Kräfte frei, indem wir bürokratische Fesseln sprengen. Entlassen wir unser Bildungssystem in die Freiheit.

Nochmals erinnert sei an dieser Stelle an das Unterstreichen der Betonungsschwerpunkte. Nur wer sich beim Probesprechen die Betonung eines jeden Satzes bewusst macht, wird auch bei großem Lampenfieber seine Botschaft richtig »rüberbringen«.

Soweit zum regelmäßigen Training. Wenn Sie Ihren eigenen Vortrag vorbereiten, werden Sie selbstverständlich den Text zur Probe sprechen. Dabei verfahren Sie nicht anders als beim Redetraining: zuerst Artikulation und Pausentechnik üben, dann Betonungsschwerpunkte ausloten, schließlich den Vortrag wie in einer »Generalprobe« mit Variation, Mimik, Gestik und gegebenenfalls sogar Medieneinsatz halten.

Ideal ist es, wenn Sie den Vortrag einer vertrauten Person halten, die Ihnen vielleicht noch Anregungen zur Verbesserung gibt, die Sie bestärkt und die – ganz nebenbei – auch die Zeit misst.

Wenn Sie bei der Generalprobe den Eindruck haben, dass Ihr Vortrag angemessen ist, dann hat sich die aufwendige Vorbereitung ganz sicher gelohnt.

Doch was ist mit Angemessenheit im Einzelnen gemeint?

- Die fünf Erarbeitungsphasen sind sinnvoll aufeinander abgestimmt.
- Die einzelnen Redeteile bilden ein ausgewogenes Verhältnis: Einleitung und Schluss beanspruchen zusammen deutlich weniger Zeit als der Hauptteil.
- Der Inhalt spiegelt sich in der sprachlichen Gestaltung wider.
- Gestik, Mimik und Betonung unterstreichen den Inhalt und entsprechen der Redesituation.
- Anlass (Zeit und Ort) und Redegattung, Thema und Zuhörerschaft sind aufeinander abgestimmt.

Zielgerichtet argumentieren

Argumentationsziele

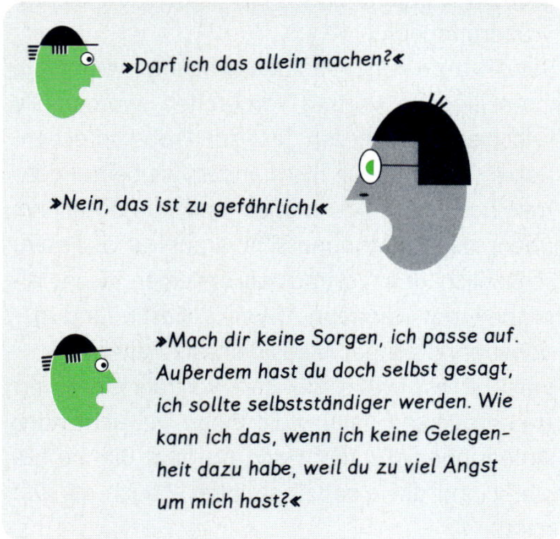

Wer sich durchsetzen möchte, muss argumentieren. Ob es um mehr Rechte oder um mehr Geld, um eine kleinere Reform oder eine große politische Idee geht – immer muss derjenige, der etwas verändern oder zu seinen Gunsten erhalten möchte, besser argumentieren als die Gegenseite.

Wer zielgerichtet argumentieren möchte, muss das Ziel kennen; er muss es, während er argumentiert, im Auge behalten; und er muss es durch seine Argumente erreichen wollen, auch und gerade dann, wenn sein Gegenüber anderer Meinung ist.

Als vernunftbegabte Wesen argumentieren Menschen bereits in den einfachsten Alltagssituationen, selbst wenn sie sich ihrer »Argumentation« vielleicht gar nicht bewusst sind.

Wer aber seine Argumentation verbessern möchte um dadurch seine Zuhörer besser überzeugen zu können, wer die Argumente der Gegenseite durchschauen möchte und wer sich vor allem gegen »faule Tricks« wehren möchte, der sollte sich bewusst machen, was Argumentation eigentlich ist, welche Voraussetzungen sie hat und wie sie »funktioniert«.

Im Folgenden soll daher in vier Annäherungen eine Alltagstheorie der Argumentation entwickelt werden. Im Zentrum steht dabei das »Kleine Lexikon der Argumentation« (S. 48–51), das die einzelnen Ansätze miteinander verbindet.

Erste Annäherung: Die Grundstruktur der Agumentation

In einer Untersuchung über kindliche Argumentation wird das Beispiel eines Vaters angeführt, der seine zweijährige Tochter über die Kieselsteine am Strand tragen möchte.

Vater: Papa trägt Julia ein bisschen über die Steine.

Tochter: Juja dloßß, juja steine gehen.

Ist dies bereits »Argumentation«? Kann eine Zweijährige, die noch beträchtliche Probleme mit Grammatik und Aussprache hat, überhaupt schon argumentieren? Eine Antwort gibt eine Analyse der Gesprächssituation:

Der Vater macht einen Vorschlag, den seine Tochter ablehnt. Dieser Meinungsgegensatz besteht in zwei einander entgegengesetzten Forderungen, die sinngemäß lauten könnten: »Lass mich dich tragen« und »Lass mich alleine gehen«. Dahinter verbergen sich offensichtlich zwei strittige Urteile, zunächst unausgesprochen: »Du bist noch zu klein um alleine über die Steine gehen zu können«, dann aber direkt ausgesprochen: »Ich bin groß genug um über die Steine gehen zu können.« Diese kontroversen Forderungen oder Urteile werden (in einem weiteren Sinne) Thesen genannt; da es ein Pro und ein Kontra gibt, unterscheidet man (in einem engeren Sinne) These und Antithese. Während der Vater (vielleicht aus Taktgefühl, denn Julia lässt sich nur ungern sagen, dass sie für irgendetwas noch zu klein sei) keinen Grund angibt für seine These, muss Julia für ihre (Anti-)These einen Grund formulieren, denn sie will ja verhindern, dass sie vom Vater über die Steine getragen wird. Dieser Grund wird Argument genannt und ist somit Kernstück von Julias Argumentation. Damit ist klar: Selbst wenn es noch mit Aussprache und Grammatik hapert und Julia weder begründende Konjunktionen (da, denn, weil usw.) noch Adverbialpronomen (daher, deshalb, also usw.) verwenden kann, hat die Zweijährige bereits argumentiert; denn in einer kontroversen Gesprächssituation hat Julia eine These aufgestellt und diese mit einem Argument begründet.

Argumentationstheoretisch spielt es dabei keine wesentliche Rolle, ob die These in Form eines Urteils oder einer Forderung formuliert wird; beide beanspruchen ja Geltung, beide wollen beim Gesprächspartner eine Meinungsänderung bewirken. Sowohl ein Urteil als auch eine Forderung muss jedoch begründet werden. In seiner Definition des Begriffs »Argument« führt Cicero aus: »Argument ist der Grund, der einer zweifelhaften Sache Glaubwürdigkeit verschaffen soll.« Damit hat er schon vor mehr als zweitausend Jahren klar erkannt, dass Meinungsverschiedenheiten kein Hindernis für Argumentation darstellen, sondern gerade eine ihrer wesentlichen Voraussetzungen sind.
Zum Beispiel bleibt offen, ob sich Julias Vater von der Argumentation der Tochter überzeugen lässt. Vielleicht könnte Julia ihre Argumentation noch verstärken, indem sie anführt, dass die gleichaltrige Katja auch schon alleine über die Steine gehen darf: »Kaja au steine gehen«.
Oder sie könnte sich größer machen, indem sie sich mit dem jüngeren Geschwisterchen vergleicht: »Juja kein bebi meh.« Diese Hinzufügungen, die das Argument näher erläutern, begründen, veranschaulichen oder durch einen Vergleich abstützen, werden Argumentationsstütze genannt.
Somit sind in unserem Beispiel alle wesentlichen Elemente enthalten, die eine Argumentation ausmachen. Idealtypisch lässt sich Argumentation somit wie in der unten stehenden Grafik darstellen.
Diese Grundstruktur kann nun flexibel verwendet werden – abhängig vom Thema und von den Zuhörern. So lässt sich eine strittige These mit drei Argumenten begründen und jedes einzelne Argument durch eine Veranschaulichung oder Bekräftigung stützen. Sind die Argumente nach dem Grundsatz der Steigerung gegliedert, so kann beim letzten Argument die Stütze entfallen: Das stärkste Argument sollte unmittelbar einleuchten und bedürfte daher eigentlich keiner Stütze.
Eine Argumentation, die mit der These beginnt und dann einzelne Argumente und Stützen anführt, wird deduktiv genannt. Wenn dagegen Stützen und Argumente erst zur These hinführen, spricht man von einer induktiven Argumentation. Ein konkretes Beispiel wird in diesem Fall nicht als Argumentationsstütze, sondern als »Ohröffner« verwendet. Aus dem Beispiel wird ein erstes Argument entwickelt.

Die Grundstruktur der (deduktiven) Argumentation

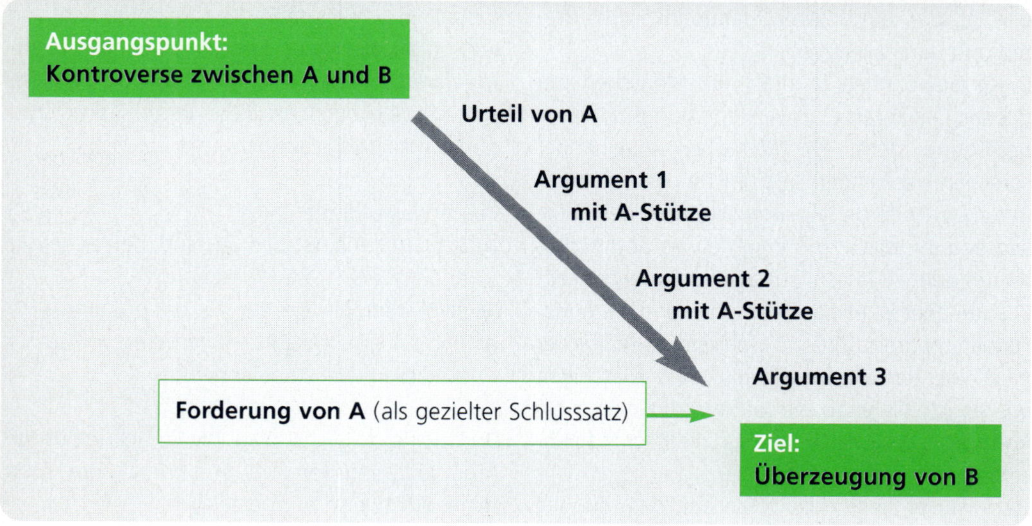

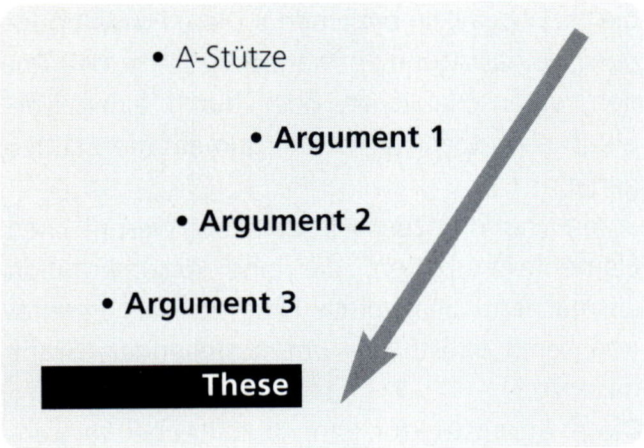

Gliederung einer induktiven Argumentation

Drei Argumente führen zur These hin. Die These wird erst am Ende der Argumentation formuliert. Das hat den Vorteil, dass die Zuhörer noch nicht genau wissen, auf welche Schlussfolgerung die Argumentation hinausläuft, ihre Neugier jedoch auch dann geweckt werden kann, wenn sie am Ende anderer Meinung sind.

Bei einfach strukturierten Reden und in den meisten Diskussionen genügt der argumentative Dreischritt These – Argument – Stütze. Variationsmöglichkeiten ergeben sich durch die Anzahl der Argumente und Stützen und die Argumentationsfolge (deduktiv oder induktiv). Bei längeren Reden stellen Redner mitunter mehrere Thesen auf, die alle einer Leitthese untergeordnet sind. In diesem Fall verzweigt sich die Argumentationsstruktur bis in eine vierte Gliederungsebene hinein.

An dem Grundsatz, dass Thesen begründet werden müssen und Argumente gestützt werden können, ändert sich dadurch aber nichts.

Zweite Annäherung: Die Grundtendenzen der Argumentation

Wer mit anderen diskutiert stellt dabei Thesen auf und begründet sie mithilfe von Argumenten, die er je nach Bedarf durch weitere Begründungen stützen und untermauern kann. Dies aber ist kein selten vorkommender Spezialfall, sondern etwas Alltägliches: In Gesprächen, in denen wir alltägliche Fragen klären, aber auch dann, wenn wir in Diskussionsrunden oder Streitgesprächen mit anderen um unterschiedliche Standpunkte und Meinungen ringen – bei all diesen Formen des Sprechens handelt es sich um Argumentationen. Und immer verwenden wir Sprache, um unseren Standpunkt zu vertreten und durchzusetzen.

Diese Gewohnheit ist uralt; wir Menschen tun das seit uns Sprache als Verständigungsmittel zur Verfügung steht. Wo Menschen miteinander sprechen, verwenden sie Sprache dazu, den anderen mit Hilfe der eigenen Worte zu beeinflussen und ihn dazu zu bringen etwas Bestimmtes zu tun oder zu lassen, zu sagen oder zu denken.

Warum aber ist es häufig so schwierig, Veränderungen herbeizuführen, während es einfacher erscheint, darauf zu beharren, dass alles bleibt wie es ist? Nehmen wir zur Verdeutlichung ein kontrovers diskutiertes Thema: die Rechtschreibreform.

Befürworter stellen die These auf, dass die alte Rechtschreibung Widersprüche, Ungereimtheiten und viele Ausnahmeregelungen aufweist und deshalb zu einer unnötig hohen Fehlerzahl führt.

Sie behaupten, dass die Neuregelung die Rechtschreibung einfacher macht und die Menschen deshalb nach einer gewissen Übergangsphase weniger Fehler machen werden.

Sie sind der Meinung, dass die Umsetzung der Reform am besten über die Schulen erfolgt. Daher befürworten sie auch einen Erlass, der alle Lehrer auf die neuen Schreibweisen verpflichtet, sodass die Schüler im Rechtschreibunterricht von Anfang an die neuen Regeln lernen. Mit rechtschreibreformierten Büchern sollen die Lexikon- und Schulbuchverlage diese Reform unterstützen. Dieses Beispiel zeigt:

Wer etwas verändern will,
- beklagt zunächst den Zustand, den er verändern will,
- zeigt dann ein Ziel auf, für das er kämpft,
- und schlägt schließlich einen Weg vor um zu diesem Ziel zu gelangen.

Durch eine möglichst plausible, in sich schlüssige Argumentation versucht er seine Zuhörer von seiner Sichtweise zu überzeugen.

So viel »Aufwand« braucht die Gegenseite in der Regel nicht betreiben. Die These des Redners ist in den meisten Fällen bereits erschüttert, wenn es der Gegenseite gelingt, nur einen der drei Punkte ernsthaft in Frage zu stellen. Um die Forderung des Redners zurückzuweisen, braucht die Gegenseite daher wahlweise nur beweisen:

- dass der Zustand in Wirklichkeit gar nicht so negativ ist wie vom Redner dargestellt,
- dass das angestrebte Ziel keine Verbesserung darstellt bzw. dass es bessere Ziele gibt oder
- dass der vorgeschlagene Weg von zweifelhaftem Erfolg ist bzw. dass es bessere Wege gibt.

In der Diskussion um die Rechtschreibreform bieten sich den Gegnern also drei Angriffspunkte an, indem sie die folgenden Antithesen aufstellen:

Die alten Regeln waren gar nicht so schwer zu lernen. Wenn Fehler gemacht worden sind, so hatte das andere Gründe. Eine Reform der Rechtschreibung ist daher nicht notwendig.

Eine Vereinfachung der Rechtschreibung ist nicht erstrebenswert, denn damit gehen auch inhaltliche und kulturelle Unterscheidungen verloren. Außerdem werden die Menschen durch die neue Rechtschreibung verunsichert und machen mehr statt weniger Fehler. Sinnvoller ist es, es bei der alten Rechtschreibung zu belassen, aber mehr Wert auf die Rechtschreibförderung zu legen.

Das Verfahren ist undemokratisch, man kann eine so wesentliche Veränderung der deutschen Sprache nicht auf bürokratischem Weg durch einen Erlass verordnen.

Prinzipiell hat es Argumentation grundsätzlich mit drei gedanklichen Gliederungspunkten zu tun: Zustand, Ziel und Weg. Daraus ergeben sich für den Redner, der eine Veränderung bewirken möchte, drei Aufgaben:

- den Zustand so zu schildern, dass ihn der Zuhörer negativ beurteilt,
- ihn davon überzeugen, dass das angestrebte Ziel eine Verbesserung darstellt und
- ihm zeigen, dass nur der vorgeschlagene Weg Erfolg verspricht.

Alle drei Aufgaben müssen erfüllt sein, wenn der Redner den Zuhörer überzeugen will. Dabei gilt stets: Zustand, Ziel und Weg sind jeweils nur Thesen, die begründet werden müssen, denn zu jedem dieser Punkte lässt sich eine Antithese aufstellen.

Allgemein lassen sich dabei zwei Grundtendenzen von Argumentationen unterscheiden: Aufwertung der eigenen Position und Abwertung der Gegenseite. Auf- und Abwertung sind grundsätzlich legitim solange

- dadurch die Sache nicht verfälscht wird,
- die jeweilige Gegenseite das gleiche Recht zur Auf- und Abwertung behält und
- sich abwertende Äußerungen auf die Sache, nicht aber auf den Gesprächspartner beziehen.

Die Beachtung dieser drei Grundregeln ist nicht nur redlich und trägt zu einer besseren Gesprächsatmosphäre bei, sondern sie ist zugleich Voraussetzung dafür, dass die gewählten Argumente ihre Wirkung entfalten können. Fühlt sich nämlich ein Gesprächspartner von den vorgebrachten Argumenten persönlich abgewertet, ist die Wahrscheinlichkeit sehr gering, dass er ihnen gleichzeitig zustimmen wird.

Dritte Annäherung: Plausible, logische und ethische Argumentation

Schön wäre es, wenn alle Menschen logisch denken und handeln würden. Viele Probleme dieser Welt ließen sich dann – wahrscheinlich – auf vernünftige Weise bewältigen. Doch ist es immer sinnvoll, logisch zu denken? Gibt es im Alltag nicht viele Situationen, in denen man auf strenge logische Ableitungen verzichtet und doch erfolgreich »argumentiert«?

Wer beispielsweise einen Freund, dem egoistisches Verhalten vorgeworfen wird, verteidigen möchte, könnte einwenden: »Jeder ist sich schließlich selbst der Nächste.« Dies rechtfertigt streng genommen zwar nicht das Verhalten des Freundes, zumal nicht alle Menschen egoistisch sind, aber für viele klingt diese Erklärung plausibel.

Wer die Aussage eines Gegners, der in der Vergangenheit nachweislich einmal die Unwahrheit gesagt hat, in Zweifel ziehen möchte, könnte mit der Redewendung »Wer einmal lügt, dem glaubt man nicht ...« ein Scheinargument anführen. Logisch ist dies nicht, denn aus der einmaligen Lüge lässt sich nicht zwingend schließen, dass der Gegner auch im vorliegenden Fall die Unwahrheit sagt. Aber dessen Glaubwürdigkeit ist erschüttert, denn den Zuhörern erscheint es plausibel, dass die Aussage des Gegners unwahr sein könnte.

Umgekehrt kann auch mit guter Absicht plausibel argumentiert werden. Wenn ein Lehrer seinem Schüler, der soeben eine schlechte Note erhalten hat, einige zusätzliche Übungen empfiehlt und ihn mit Sprichwörtern wie »Übung macht den Meister.« oder »Es ist noch kein Meister vom Himmel gefallen.« zu etwas mehr Fleiß ermuntern möchte, so ist auch dies nicht logisch, denn sicherlich gibt es Menschen, die es auch ohne Übung sehr weit gebracht haben, und andere, bei denen intensives Üben nicht den gewünschten Erfolg gebracht hat. Oft erfüllen solch plausible Redewendungen aber ihren Zweck, denn sie erzeugen – wenn man nicht genau darüber nachdenkt – zunächst einmal spontane Zustimmung.

Eine solche Art der Gedankenführung – besonders in Diskussionen und Gesprächen ein häufig verwendeter Argumentationstyp – wird »plausible Argumentation« genannt. Sie greift auf allgemeine Erfahrungen und unreflektierte Selbstverständlichkeiten zurück, von denen der Sprecher annimmt, dass auch der Zuhörer der gleichen Meinung ist. Indem er auf die Meinung der Zuhörer zurückgreift, hofft er bei diesen Zustimmung für seinen besonderen Fall zu erlangen. Sehr starke Verallgemeinerungen werden auch Gemeinplätze genannt.

Was genau ist eigentlich gemeint, wenn wir von logischer Argumentation sprechen?

Zunächst müssen die Argumente einer rationalen Überprüfung standhalten. Als rationale Argumente gelten nachprüfbare Tatsachen, unbestreitbare Erfahrungen und wissenschaftliche Erkenntnisse. Darüber hinaus müssen Argumente auch relevant, d. h. auch für die strittige These von Belang sein. Zu logischen Schlussfolgerungen gelangt man nun, wenn man von rationalen Argumenten ausgeht und die Regeln der Logik beachtet:

Eine schematisierte Form der logischen Ableitung ist der Syllogismus, der aus zwei Voraussetzungen (Prämissen) und einer Schlussfolgerung (Konklusion) besteht.

Erste Prämisse (Obersatz):
Immer wenn A, dann B.
Zweite Prämisse (Untersatz):
Nun ist aber A.
Schlussfolgerung:
Also ist B.

Beispiel:
Immer wenn ein Mensch mit anderen argumentiert, kann er auch denken.
Sokrates argumentiert.
Also kann er auch denken.
Bei diesem Syllogismus ist die Schlussfolgerung zwingend und die Aussage gewiss. Dies gilt aber nur, wenn der Obersatz lautet »Immer wenn A ...« Und natürlich dürfen A und B nicht vertauscht werden:

Beispiel:
Immer wenn ein Mensch mit anderen argumentiert, kann er auch denken.
Sokrates kann denken.
Also argumentiert er auch mit anderen.
Zwar sagt uns die Erfahrung, dass Sokrates wahrscheinlich mit anderen über seine Gedanken spricht und bei Zweifel an seinen Thesen auch Argumente anführt. Gewiss ist dies aber keineswegs: Vielleicht möchte er seine Gedanken für sich behalten oder er will seine Schüler selbst zu einer Erkenntnis gelangen lassen. Nach den Regeln der Logik wäre dieser Schluss nur

zwingend, wenn der Obersatz fälschlicherweise lautete: »Immer wenn ein Mensch denkt, muss er auch mit anderen darüber sprechen und argumentieren.«

Eindeutig unlogisch und damit auch falsch wäre dagegen eine Schlussfolgerung wie im folgenden Beispiel:
Sokrates ist ein echter Fuchs.
Füchse haben vier Beine.
Also hat Sokrates vier Beine.

Dieser Trugschluss lässt sich logisch nachweisen, indem man darauf hinweist, dass »Fuchs« hier als Metapher verwendet wird. Aber sagt uns nicht schon der normale Menschenverstand, dass hier etwas nicht stimmen kann?
Durch logische Schlüsse können wir erkennen, ob eine Ableitung wirklich zwingend oder nur wahrscheinlich, immerhin möglich, also grundsätzlich offen, oder ganz falsch ist. Daher sind logische Ableitungen wünschenswert für jede Argumentation, nur leider garantieren sie nicht deren Erfolg; dies gleich aus drei Gründen:

1. Die meisten Menschen können zwar logisch denken, sie sind aber nicht immer bereit auch entsprechend ihrer Erkenntnis zu handeln. Wenn logische Schlussfolgerungen ihrem eigenen Interesse widersprechen, muss der Gesprächspartner damit rechnen, dass sie sich inkonsequent verhalten.
2. Häufig steht Alltagsargumentation unter einem Zeit- und Entscheidungsdruck, der Zeit raubende Ableitungen nicht zulässt. Der Gesprächspartner erwartet ja auf seinen Einwand hin unmittelbar ein Argument.
3. Viele strittige Fragen betreffen die Zukunft und lassen sich daher durch logische Ableitungen nicht lösen. Wenn es nicht um gesicherte Tatsachen und überprüfbare Wahrheiten, sondern um Wahrscheinlichkeiten geht, sind logische Ableitungen problematisch. Denn eine Wahrscheinlichkeit ist noch kein Beweis.

Hinzu kommt, dass Menschen oft über Dinge miteinander reden oder auch streiten, bei denen über die Frage, welches Argument wahr oder unwahr, richtig oder falsch ist, gar nicht objektiv entschieden werden kann. Immer nämlich sind die eigenen, ganz individuellen Interessen im Spiel, die dem einen als richtig erscheinen lassen, was dem anderen als falsch gilt.
Das führt zu zwei Schlussfolgerungen: Zum einen geht es eher selten um objektiv wahre Aussagen, sondern um das, was als richtig, plausibel und wünschenswert angesehen wird. Insofern spielt vor allem die Plausibilität der Argumentation eine wichtige Rolle. Zum anderen aber muss, wer argumentiert, stets mitbedenken, was sein Gegenüber für plausibel und wünschenswert hält.

Daneben spielen bei Reden und Diskussionen auch andere als nur logische Gesichtspunkte eine Rolle – beispielsweise Argumente, die ethisch fundiert sind.
Ethische Argumentation stützt sich auf anerkannte Wertvorstellungen und Normen wie beispielsweise die Menschenrechte oder das Grundgesetz. Aber auch vorbildliche Verhaltensweisen oder anerkannte Persönlichkeiten können für bestimmte Werte stehen:
Wer gegen die Diskriminierung behinderter Menschen kämpft, verweist darauf, dass alle Menschen gleich seien oder dass die Würde des Menschen unantastbar sei. Wenn Eltern an das Verantwortungsbewusstsein ihrer Kinder appellieren oder Politiker bei der Diskussion um das Steuerrecht soziale Gerechtigkeit versprechen, dann begründen sie ihre Forderungen bzw. Vorhaben mit einem Wert, von dem sie annehmen, dass dieser für die Zuhörer von Bedeutung ist.
Dass neben der logischen Argumentation auch ethische oder plausible Argumentationen gebräuchlich sind, bedeutet aber nicht Beliebigkeit in der Argumentation und Verzicht auf Wahrheit und Wahrhaftigkeit. Wo immer Wahrheit klar erkennbar ist, sollte ihr Geltung verschafft werden. In den Bereichen aber, in denen um den richtigen Weg gestritten wird, weil die Wahrheit nicht erkennbar ist, gilt für redliche Argumentation das Gebot der Wahrhaftigkeit. Den Unterschied zwischen Wahrheit und Wahrhaftigkeit hat der Philosoph Immanuel Kant auf den Punkt gebracht:

»Dass das, was jemand sich selbst oder einem anderen sagt, wahr sei, dafür kann er nicht jederzeit stehen. Dafür aber kann und muss er stehen, dass sein Bekenntnis oder Geständnis wahrhaftig sei, denn dessen ist er sich unmittelbar bewusst.«

Auch wenn man in vielen Streitfällen nicht wissen kann, was objektiv wahr ist, sollte man also selbst nur das sagen, was man mit ehrlicher Überzeugung als wahr empfindet. Dies gilt gleichermaßen für logische, plausible und ethische Argumente. Wer plausible oder ethische Argumente anführt, von denen er selbst nicht überzeugt ist, argumentiert taktisch – der Übergang zu unredlichen Argumentationsweisen ist in diesem Falle fließend.

Vierte Annäherung: Klare Botschaften durch bewusste Sprechakte

Kommen wir nochmals auf die Begebenheit mit der kleinen Julia zurück. Wenn Vater und Tochter miteinander sprechen, dann vollziehen sie ganz unterschiedliche kommunikative Handlungen. Wenn der Vater darauf hinweist, dass die Steine spitz und hart sind, dann warnt er damit seine Tochter. Wenn Julia formuliert »juja steine gehen«, dann erhebt sie eine Forderung, die sie mit »juja dloßß« begründet. Und wenn der Vater etwa erwidert: »Ich weiß ja, dass du schon ein ganz großes Mädchen bist.«, dann versucht er seine Tochter zu beschwichtigen.

Alle sprachlichen Handlungen, bei denen mit dem bloßen Formulieren von Wörtern und Sätzen eine weitergehende Absicht verbunden wird, werden Sprechakte (= Sprech-»Handlungen«) genannt. In einer einfachen Definition ist ein Sprechakt: was jemand macht, indem er etwas sagt.

Die Botschaft des Sprechers verstehen, heißt also erkennen, welchen Sprechakt er vollzogen hat.

Will er nur sachlich informieren oder will er etwas Bestimmtes kritisieren?
Will er eine Sache beklagen oder den Verursacher anklagen?
Will er etwas fordern oder etwas einklagen?
Will er sich entschuldigen, etwas rechtfertigen oder jemand anderen verteidigen?
Will er nur einen Ratschlag geben oder etwas anordnen?

Botschaft heißt dabei die eigentliche Absicht und das Ziel des Redners; diese zentrale Aussage lässt sich meist in einem (Kurz-) Satz formulieren. Wie soll aber der Zuhörer die Botschaft heraushören, wenn sich der Redner seines Sprechaktes nicht bewusst ist?
In den folgenden Redeausschnitten werden unmissverständliche Botschaften formuliert, die durch eine Analyse der Sprechakte erfasst werden können:
»Wie Rede und Sprache den Menschen vom Tier unterscheidet: so gibt es eine Kunst der Sprache und Rede, die unter den Menschen selbst vielleicht einen so großen Unterschied macht, als die Rede zwischen Tieren und Menschen. In der wenigen Zeit, die mir hier vergönnt ist, werde ich zeigen, dass diese Kunst der Rede und Sprache in Kindern und Jugendlichen auszubilden ein Hauptgeschäft der Schulen sein müsse.«
Johann Gottfried Herder fordert 1796 in einer Ansprache am Weimarer Gymnasium neben einem verbesserten Sprachunterricht auch Rhetorik für die Schule. Seine Botschaft: Rhetorik in die Schule!

»Der Universitätslehrer hat vor allem zwei Forderungen an die höheren Schulen zu stellen, die in einem engen Zusammenhange untereinander stehen. Er muss verlangen, dass die Abiturienten Lust zum Lernen und Fähigkeit zu selbstständigem Arbeiten mitbringen. Gegenüber diesen Forderungen tritt der Nachweis positiver Kenntnisse bestimmter Art weit zurück.«

Der bekannte Mediziner Rudolf Virchow fordert 1892 vor den Professoren der Berliner Universität die Schulen zur Förderung zweier Schlüsselqualifikationen auf. Seine Botschaft: Motivation und Selbstständigkeit beim Lernen sind wichtiger als Einzelkenntnisse.

»Die Ereignisse von 1933–1945 hätten spätestens 1928 bekämpft werden müssen. Später war es zu spät. Man darf nicht warten, bis der Freiheitskampf Landesverrat genannt wird. Man darf nicht warten, bis aus dem rollenden Schneeball eine Lawine geworden ist. Man muss den rollenden Schneeball zertreten. Die Lawine hält keiner mehr auf. Sie ruht erst, wenn sie alles unter sich begraben hat.«
Erich Kästner kritisiert 1958 in seiner Gedenkrede zum 25. Jahrestag der nationalsozialistischen Bücherverbrennung, dass die demokratischen Kräfte der Bedrohung der Freiheit nicht entschiedener entgegengetreten sind. Seine Botschaft lautet: »Wehret den Anfängen!«

Nicht nur in den großen Reden, sondern auch in der Alltagsargumentation lassen sich Botschaften herauskristallisieren; in den folgenden Beispielen hat jede Entschuldigung eine andere Botschaft, weil der Sprechakt anders gesetzt ist:

- »Sorry, Mann, tut mir echt Leid!« *(durch flapsige Formulierung stark abgeschwächt)*
- »Ich entschuldige mich in aller Form für meine gestrige Bemerkung. Dies hätte ich so nicht formulieren sollen. Dies war ein großer Fehler und ich kann nur hoffen, dass du meine Entschuldigung annimmst.« *(vollständig vollzogen, denn nur hier wird ausdrücklich gesagt, wer sich wofür entschuldigt)*
- »Es tut mir Leid, dass du gestern Ärger gehabt hast. Das hab ich so nicht gewollt.« *(ausweichend, denn der Sprecher entschuldigt sich nicht für sein eigenes Verhalten sondern er bekundet nur sein Mitgefühl)*
- »Es tut mir Leid, dass du dich geärgert hast. Aber nimm solche flapsigen Antworten doch einfach nicht immer so ernst.« *(unecht, ablenkend, denn nicht das eigene Verhalten, sondern die Betroffenheit bzw. Reaktion des anderen wird thematisiert)*

Wer sich den beabsichtigten Sprechakt klar vor Augen führt, hat es in Reden, Diskussionen und Gesprächen leichter, unmissverständliche Botschaften zu senden.

Zusammenfassung:

In vier ganz unterschiedlichen Denkansätzen haben wir gesehen, was man tut, wenn man argumentiert:

- Thesen formulieren und mit Argumenten begründen,
- Dinge, Menschen oder Ideen auf- oder abwerten,
- bestehende Zustände kritisieren, Ziele vorgeben und Lösungswege vorschlagen, dabei
- logisch schlussfolgern oder aus plausiblen und ethischen Argumenten Thesen ableiten,
- Sprechakte eindeutig festlegen und klare Botschaften senden.

Ausgangspunkt und notwendige Voraussetzung einer Argumentation ist, dass der Redner von einem klaren Ziel ausgeht, das er mit seiner Rede erreichen will. In der Auseinandersetzung mit der Gegenseite dient Argumentation dazu, den eigenen Standpunkt in den Augen der Zuhörer glaubwürdig zu machen und diese im eigenen Sinne zu beeinflussen.

Kleines Lexikon der Argumentation

Argumentation: in Reden, Diskussionen und Gesprächen der Zusammenhang von Thesen, Argumenten und Argumentationsstützen. Ist die Argumentation schlüssig und für die Zuhörer nachvollziehbar, so können mit ihrer Hilfe neue Einsichten vermittelt und das Publikum von der (Leit-)These des Redners überzeugt werden. Dies wird erreicht, indem in möglichst vielen Argumentationsschritten die Zustimmung der Zuhörer bzw. des Gesprächspartners gewonnen wird.

Affekte: Gefühle, die durch Sprechweise und Argumentation, aber auch durch Auftreten und Körpersprache des Redners beim Zuhörer erzeugt werden. Nach antiker Auffassung ein legitimes Mittel um die Meinung der Zuhörer für sich zu gewinnen oder gegen den Standpunkt der Gegner aufzustacheln. Diese Gefühle werden durch eine glaubwürdige und entweder gefällige oder besonders engagierte Redeweise ausgelöst.

Anti-These: die Gegenthese zu einer These. Zu jeder These muss eine Antithese denkbar sein, was keine Antithese hat, ist keine These. Zur Verdeutlichung: Dass sich die Erde um die Sonne dreht, war vor 500 Jahren noch eine These, zu der es eine Anti-These gab. Da dies von niemandem mehr ernsthaft bestritten wird, ist diese Aussage heute keine These mehr.

Argument: der Beweis oder der Grund für die Richtigkeit einer These. Als rationale Argumente gelten nachprüfbare Tatsachen, unbestreitbare Erfahrungen und wissenschaftliche Erkenntnisse, aber auch gültige Definitionen. Argumente müssen haltbar und relevant sein. Ein Argument kann so treffend (oder schlagend!) sein, dass es keiner Argumentationsstütze bedarf; wenn es aber nicht unmittelbar einleuchtet, muss es gestützt werden.

Argumentations-stütze: ein wirkungsvolles Mittel, um ein Argument zu veranschaulichen oder seinerseits zu begründen. Wenn ein Argument nachhaltiger wirken und sich beim Zuhörer besser einprägen soll, muss es zusätzlich untermauert werden. Dies geschieht etwa durch weitere Daten und Fakten, durch Belege und Verweise, durch Beispiele und Zitate, aber auch durch Erläuterungen, erhellende Umschreibungen oder durch das Aufzeigen von Konsequenzen. Als Faustregel gilt: Je strittiger oder schwieriger das Argument, desto mehr muss es gestützt werden.

Aspekt: der Gesichtspunkt, unter dem ein Thema betrachtet oder ein Problem erörtert wird. Der Aspekt lässt sich auch in Form einer das Thema eingrenzenden Fragestellung ausdrücken.

Auf- und Abwertung:	zwei Grundtendenzen des Argumentierens. In Diskussionen wird in der Regel die eigene Sache auf-, die Sache des Gegners abgewertet. Aufwertung ist so lange legitim, wie die Gegenseite das Recht zur Abwertung hat. Im Idealfall liegt die Synthese aus Auf- und Abwertung nahe an der Wahrheit.
Botschaft:	die zentrale Aussage der Rede, die der Redner seinen Zuhörern vermitteln möchte. Diese kann indirekt (stillschweigend) vermittelt oder ausdrücklich angesprochen werden. Botschaften liegen bestimmte Sprechakte zugrunde.
Deduktive Argumentation:	Bei dieser Argumentationsfolge wird zunächst die These aufgestellt, dann begründet und schließlich argumentativ abgestützt (Beispiel: Ich fordere ..., weil ... Das wird schon daran deutlich, dass ...).
Ethische Argumentation:	Diese stützt sich auf anerkannte Wertvorstellungen und Normen wie zum Beispiel die Menschenrechte. Auch allgemein anerkannte Sitten und Bräuche oder Glaubenssätze sind als Argumente möglich, aber nicht für jeden Zuhörer plausibel.
Faule Tricks:	unredliche Argumentationsweisen, die sich nicht wirklich argumentativ mit der Sache auseinandersetzen, sondern durch Scheinargumente oder bewusste Täuschungen die Zuhörer in ihrer Urteilsfähigkeit einschränken und so zu Urteilen oder Handlungen verleiten, die von der Sache her nicht gerechtfertigt und nicht im Interesse des Getäuschten sind.
Gemeinplatz:	eine allgemeine Lebensweisheit oder Redeweise, die im konkreten Fall streng genommen kein Argument ist, aber wie ein Argument verwendet wird (Beispiel: Das war schon immer so, das wird auch in Zukunft so sein.).
Induktive Argumentation:	Bei dieser Argumentationsfolge führt der Redner von einem konkreten Beispiel über das Argument zur These hin (Beispiel: Folgendes ist passiert ... Daran sieht man, ... Daher fordere ich ...).
Kontroverse:	der Gegensatz zweier Behauptungen und damit eine wesentliche Voraussetzung für Argumentation. Nur wenn ein Urteil oder eine Forderung strittig ist, macht es Sinn zu argumentieren. Eine Kontroverse ist gegeben, wenn zu einer These eine Antithese aufgestellt werden kann.
Legitimität:	die ethische Zulässigkeit von Argumentationsweisen. Argumente, die sich auf die Sache beziehen, sind in der Regel legitimer als solche, die sich auf die Person beziehen. Da die Übergänge von redlichen zu unredlichen Argumentationsweisen fließend sind, ist es umso wichtiger diese kritisch auf ihre Legitimität zu überprüfen.

Leitthese:	die Grundeinstellung des Redners zu einem strittigen Thema (Pro oder Kontra). Um seine Einstellung überzeugend darzulegen, stellt der Redner mitunter eine Reihe von Thesen auf, für die er jeweils die Zustimmung der Zuhörer sucht.
Logische Argumentation:	Diese ist gegeben, wenn alle Argumente rational nachprüfbar, haltbar und relevant sind und die Schlussfolgerung nach den Gesetzen der Logik zwingend sind.
Logik:	Logik ist die Lehre von den Formen des richtigen Denkens. Sie zeigt nicht, was man denken soll (Inhalt), sondern wie man beim Denken zu richtigen Ergebnissen gelangt (Methode).
Manipulation:	Gesprächstechnik, die das Ziel hat, einen Menschen mit unredlichen und nicht durchschaubaren Mitteln zu Einsichten und Handlungen zu bewegen, die nicht im Interesse des Manipulierten liegen.
Plausible Argumentation:	eine Argumentation, die dem Zuhörer unmittelbar einleuchtet, aber nicht notwendigerweise auch logisch ist. Oft wird die spontane Zustimmung des Publikums erreicht, indem man dessen Meinungen und Überzeugungen auf den zur Diskussion stehenden Fall bezieht.
Pro und Kontra:	Man argumentiert für oder gegen eine Sache. Da jedes Pro auch ein Kontra beinhaltet, sind beide Begriffe relativ und abhängig vom Verwendungszusammenhang.
Relevanz:	die Wichtigkeit oder Anwendbarkeit eines Arguments für die These. Ein Argument kann für sich genommen zwar richtig bzw. wahr, aber für die These nicht von Belang sein; in diesem Falle ist es irrelevant.
Schlagfertigkeit:	Die Fähigkeit, blitzschnell und mit verblüffender Wirkung auf die Aussage eines Gesprächspartners reagieren zu können. Dabei bedient man sich meist eines Wortspiels oder eines Bildes, das unmittelbar einleuchtet.
Schlussfolgerung:	Sie sollte logisch zwingend (»schlüssig«), zumindest aber plausibel sein. Beim Syllogismus ↑ und bei der induktiven Argumentation ist die Schlussfolgerung das Argumentationsziel.
Sprechakt:	Was jemand tut, indem er etwas sagt. Sprechakte sind beispielsweise Informieren, Kritisieren, Rechtfertigen oder Fordern.
Struktur:	Nicht der Inhalt, sondern die gedankliche Verknüpfung einzelner Inhalte in einem Beziehungsgeflecht. Die Gliederung der Rede ist meist deren Grob-, die Argumentation dagegen eher deren Feinstruktur.

Syllogismus:	Eine logische Ableitung vom Allgemeinen auf das Besondere, die aus zwei Voraussetzungen (Prämissen) und einer Schlussfolgerung (Konklusion) besteht.
Synthese:	Wenn These ↑ und Antithese ↑ nicht unvermittelt einander gegenüberstehen, sondern durch Argumentation und Diskussion zu etwas Neuem miteinander verknüpft werden, spricht man von einer Synthese. Die Synthese versucht einen Ausgleich zwischen zwei widerstreitenden Interessen, indem sie konsensfähige Inhalte zu einem Ergebnis oder einer Entscheidung zusammenführt.
These:	Im weiteren Sinne eine Behauptung, die Geltung beansprucht, die strittig ist und die daher begründet werden muss. Dies kann ein Urteil sein (»Der Kanzler ist nicht kompetent.«) oder eine Forderung (»Der Kanzler muss unbedingt gestürzt werden!«). Thesen lassen sich auch als persönliche Meinung formulieren (»Ich halte den Kanzler für eine Katastrophe.« oder »Meiner Meinung nach müsste endlich einmal die Opposition an die Macht.«), sie werden dadurch abgeschwächt. Eine These kann durch ein oder mehrere Argumente begründet werden. Im engeren Sinne versteht man unter These die Behauptung des Redners, die sich mit einer vermuteten oder bereits geäußerten Antithese auseinander setzt.
These und Antithese:	sind beides Thesen im weiteren Sinne. Was als These und was als Antithese bezeichnet wird, hängt von der konkreten Gesprächssituation und von der Perspektive des Redners ab.
»Totschlag«-Argument:	ein Argument, das verblüffend plausibel klingt und eingesetzt wird um den Gegner vorschnell zur Aufgabe zu drängen.
Überredung / Überzeugung:	eine wichtige Unterscheidung um redliche und unredliche Argumentation voneinander abzugrenzen. Überzeugung ist ein Bewusstseinszustand, der durch logische, ethische und plausible Argumentation erreicht wird; Überredung ist dagegen nicht das Ergebnis sachorientierter Argumentation, sondern psychologischer Taktik.
Wahrhaftigkeit:	was subjektiv und mit ehrlicher Überzeugung als wahr empfunden wird. Diese »subjektive Wahrheit« kann sich ändern.
Wahrheit:	was unabhängig von subjektiver menschlicher Wahrnehmung mit den Tatsachen, mit der Wirklichkeit übereinstimmt, »objektiv« ist.
Wahrscheinlichkeit:	was wahr zu sein scheint, sich aber nicht beweisen lässt. Aussagen, die künftige Entwicklungen betreffen, können nur wahrscheinlich sein, da niemand mit absoluter Sicherheit die Zukunft kennt.

Praktische Tipps für die Argumentation

Du-Orientierung: Versetze dich in die Gesprächspartner oder Zuhörer hinein und mache dir deren Interessenlage bewusst. Wähle Argumente aus, die am ehesten diesen Interessen entsprechen und mache das Argument, von dem du die größte Publikumswirkung erwartest, zu deinem stärksten Argument.

Gliederung: Beginne mit plausiblen Argumenten, um erst einmal die Zustimmung der Zuhörer zu gewinnen. Bemühe dich im Hauptteil um rationale Argumente und logische Schlüsse. Im Schlussteil lassen sich plausible oder ethische Argumente anführen, je nachdem, welcher Argumentationstyp bei den Zuhörern die beste Wirkung entfaltet.

Dosierung: Richte die Intensität deiner Argumentation und die Zahl deiner Argumente an der vorherrschenden Überzeugung des Publikums aus: Je strittiger eine These ist, umso mehr muss argumentiert und gestützt werden. Dabei wirkt ein gut und überzeugend gestütztes Argument meist besser als eine Fülle von Behauptungen.

Sprechtechnik: Passe deine Sprechtechnik der Argumentationsstruktur an: Kurze Pausen signalisieren ein neues Argument. Inhaltliche Steigerung zeigt sich in zunehmendem Engagement. Dies geschieht durch lebhafter werdende Gestik, intensivere Sprache und nachdrücklicheren Tonfall.

Körpersprache: Beobachte beim Argumentieren die Körpersprache deines Gegenübers. Sie gibt dir Hinweise auf Zustimmung, Gleichgültigkeit oder Ablehnung und ermöglicht dir ein situationsangemessenes Eingehen auf den Gesprächspartner. Kontrolliere auch die eigene Körpersprache: Zeige durch Blickkontakt, Gestik und Mimik, dass du unter Umständen zwar hart in der Sache argumentierst, aber deinen Gesprächspartner als Person respektierst.

Innere Grundhaltung: Vermeide Übereifer oder missionarische Besserwisserei, denn diese Verhaltensweisen provozieren beim Zuhörer leicht eine Abwehrhaltung.

Sachwissen und Glaubwürdigkeit: Bereite dich in der Sache gut vor und setze nicht durch Übertreibungen oder Verfälschungen deine Glaubwürdigkeit aufs Spiel. Formuliere selbst bei hitzigen Diskussionen nur Aussagen, die du auch im Nachhinein und bei kühlem Kopf betrachtet noch rechtfertigen kannst. Wer unredlich argumentiert, mag kurzfristig vielleicht Erfolg haben, riskiert aber langfristig den Verlust seiner Glaubwürdigkeit.

Beziehung zum Zuhörer: Bleibe bei allem Engagement in der Sache menschlich. Gefährde nicht unnötig die Beziehung zu deinem Gesprächspartner. Bemühe dich um konstruktive und einvernehmliche Lösungen.

Bisher war die Rede von zielgerichteter und redlicher Argumentation. Doch wie steht es mit den »faulen Tricks«? Dürfen in einer »Schule der Rhetorik« auch unredliche Argumentationsweisen behandelt werden?

Arbeiten Sie bitte die folgenden Thesen durch und überprüfen Sie kritisch, ob Sie den einzelnen Schlussfolgerungen zustimmen können.

Zehn Thesen zu »faulen Tricks«

1. Eigentlich sollten alle Menschen die Wahrheit sagen oder zumindest wahrhaftig sprechen. Redlichkeit wäre im Idealfall eine notwendige Voraussetzung für jede Argumentation.
2. Alle Menschen sollten nur wahre Aussagen und logische Schlüsse akzeptieren. Zuhörer sind mitverantwortlich dafür, dass redlich argumentiert wird: Unredliche Argumentation hätte keine Aussicht auf Erfolg, wenn Zuhörer kritisch mitdächten und auch den Mut hätten, faule Tricks zu entlarven.

3. Allen ethischen Forderungen zum Trotz wird in der Wirklichkeit nicht immer redlich argumentiert. Dies muss bei jeder Argumentation kritisch und selbstkritisch in Betracht gezogen werden.
4. Die Wahrheit einer Argumentation bietet in der Praxis keine Garantie dafür, dass sie für den Zuhörer auch plausibel und glaubwürdig ist. Wer Recht hat, bekommt nicht automatisch auch Recht. Es gibt sogar Situationen, in denen die Unwahrheit für glaubwürdig und plausibel gehalten wird.
5. Da es Menschen gibt, die weniger an der Wahrheit als an der Durchsetzung ihrer Ziele interessiert sind, muss man bei Diskussionen damit rechnen, dass der Gegner Recht behalten will und daher – bewusst oder unbewusst – unredlich argumentiert.
6. Irrtum und Wahrheit, Recht und Unrecht sind in den meisten Fällen abhängig von der konkreten Situation und von den beteiligten Personen. Erst wenn alle Beteiligten und Betroffenen zu Wort kommen, kann in der Diskussion versucht werden, der Wahrheit möglichst nahe zu kommen.
7. Manipulation durch Reden ist weder Erfindung noch Sinn der Rhetorik. Als Wissenschaft hat sie Manipulationstechniken gesammelt, analysiert und systematisiert. Rhetorik kann dazu missbraucht werden, faule Tricks anzuwenden; sie kann aber auch Hilfestellung geben um sich besser dagegen zu wehren.
8. Das Motiv, sich gegen faule Tricks nur wehren zu wollen, dient häufig als Rechtfertigung für das Interesse an faulen Tricks.
9. Aber: Je mehr Menschen faule Tricks durchschauen, umso schwieriger wird deren Anwendung. Daher darf in diesem Rhetorikband das Thema »faule Tricks« nicht fehlen.
10. Geübt werden sollte nicht das Anwenden, sondern das Entlarven fauler Tricks.

Zu welchem Ergebnis sind Sie gelangt? Wenn Sie der Argumentation bis hin zur zehnten These nicht zustimmen können, dann überspringen Sie bitte die folgenden beiden Unterkapitel.

Recht haben und Recht behalten

Eris – in der griechischen Mythologie die Göttin der Zwietracht – hat der Eristik den Namen gegeben: Gemeint ist die Technik des Redestreits, die das Ziel hat, auf jeden Fall Recht zu behalten – ob berechtigt oder unberechtigt.

Der Philosoph Arthur Schopenhauer (1788 – 1860) unternimmt in seiner »Eristischen Dialektik« den Versuch zu erklären, warum Menschen in Diskussionen mitunter mit allen – auch unredlichen – Mitteln Recht behalten wollen:
Einen ersten Grund sieht er in der Geschwätzigkeit der Menschen, die häufig reden, bevor sie eine Sache recht bedacht haben.
Wer nun durch Unbedachtsamkeit Falsches geäußert hat, mag seine Fehler im Nachhinein aber nur ungern zugeben. Denn – dies ist nach Schopenhauer der zweite Grund – seine angeborene Eitelkeit hindert die Menschen daran und deshalb wollen sie eben mit allen Mitteln Recht behalten, notfalls mithilfe so genannter »Kunstgriffe«. Hinzu kommt ein dritter Grund: die Annahme oder die Erfahrung, dass der Gesprächspartner auch nicht anders handeln würde. Und schließlich beruhigt der unredliche Sprecher sein Gewissen damit, dass er eigentlich schon Recht hätte, nur wäre ihm das rettende Argument im Augenblick nicht eingefallen.
Auch wenn Schopenhauers pessimistisches Menschenbild nicht auf alle Menschen zutrifft, niemand weiß sicher, ob sein Gesprächspartner nicht ein solcher Rechthaber ist und daher möglicherweise »Kunstgriffe« verwendet, wie sie Schopenhauer verdienstvollerweise zusammengestellt hat; hierzu drei Beispiele: »Wenn man merkt, dass der Gegner überlegen ist und man Unrecht behalten wird, so werde man persönlich, beleidigend, grob.«
»Bei einer Behauptung des Gegners müssen wir suchen, ob sie nicht irgendwie, nötigenfalls auch nur scheinbar, im Widerspruch steht mit irgendetwas, das er früher gesagt oder zugegeben hat

[...] oder mit seinem eigenen Tun oder Lassen.« Oder man versuche »den Gegner durch sinnlosen Wortschwall (zu) verdutzen, (zu) verblüffen«.

Ähnliche »schäbige« Argumente hat auch der englische Parlamentarier William Gerard Hamilton (1729 – 1796) in seiner langjährigen Praxis als Abgeordneter und Minister beobachtet und gesammelt. Eine kleine Auswahl dieser Kunstgriffe für das taktische Verhalten wird nun vorgestellt, sortiert von legitimen Argumentationsweisen bis hin zu eindeutig faulen Tricks. Da Hamilton, anders als Schopenhauer, der unredliche Argumentation eindeutig verurteilt, eine Grenzziehung zwischen redlicher und unredlicher Argumentation versäumt hat, stellt sich nun dem Leser die Frage nach dem ethischen Maßstab taktischer Argumentation.

Welche Ratschläge zum taktischen Verhalten in der Debatte sind eindeutig legitim, welche sind durchaus diskussionswürdig, welche Ratschläge sind entschieden abzulehnen? Markieren Sie in der folgenden Zusammenstellung mit dem Bleistift die Grenzen zwischen diesen Kategorien. Diskutieren Sie ihre Entscheidung mit anderen.

Das taktische Verhalten in Debatten
(W.G. Hamilton)

- Den ursprünglichen Sinn eines Wortes, das geltende korrekte Verständnis und die im Volk anerkannte Bedeutung – all das müssen wir möglicherweise berücksichtigen.
- Prüfe die Argumente für und gegen eine Sache im Hinblick darauf, dass auf jeder Seite einige gut und andere schlecht sind. Merke dir beide, die einen, um sie zu benutzen, die anderen, um sie zu widerlegen.
- Es ist einfach, die Antworten auf deine Argumente vorauszusehen. Bedenke sie und sei bereit, darauf zu erwidern. [...] Man hüte sich, Dinge zu sagen, die einem klaren Kopf – oder gar einem Wortkünstler – Angriffsflächen bieten. [...] Bedenke die Verdrehungen, denen eine Tatsache oder ein Argument am ehesten oder leichtesten ausgesetzt ist, und wenn man sich ihrer bedient – decke sie auf.
- In den meisten Fällen muss man nicht Gutes mit Gutem, sondern Schlechtes mit Schlechtem vergleichen und das kleinste Übel akzeptieren. Kann man das Gute nicht ganz durchsetzen, so muss man sich damit begnügen, dass etwas Gutes an der Sache ist.
- Stelle dich auf deine Hörer ein. Überlege, was ihre Aufmerksamkeit am meisten fesselt, was sie am liebsten hören, was ihre angenehmsten Erinnerungen beschwört, und spiele auf Dinge an, die sie kennen und die ihnen gefallen. [...] Überlege, welche Art von Beweisen den menschlichen Geist am meisten beeindruckt. [...] Bedenke, welche besonderen Gefühle du anregen musst.
- Bemühe dich die Gunst deiner Hörer zu gewinnen, bevor du dich auf die Hauptsache einlässt. Dann lege deine Argumente dar, untermauere sie; entkräfte die Einwände; zuletzt bausche auf, was für dich, und verharmlose, was gegen dich spricht.
- Bietet sich eine gute Gelegenheit, zeige, wie alle, die jetzt so reden, unter anderen Verhältnissen ganz anders reden würden. Und schildere, wie sie sich bereits anders verhalten und wie sie bereits anders geredet haben.
- Wir müssen vor allem bedenken, ob wir bestreiten, rechtfertigen oder der Streitfrage einen anderen Namen geben sollen, der ihr Wesen ändert, oder ob wir einen Formfehler beanstanden sollen.
- Kann man in der Sache nichts abstreiten, dann leisten Mutterwitz, Fantasie, Spitzfindigkeit und Schläue gute Dienste.
- Setzt dich eine Frage an und für sich in Verlegenheit oder bringen dich deine persönlichen Verhältnisse ins Gedränge, dann richte es so ein, dass du nichts klar ausdrückst, sondern im Allgemeinen und Weitläufigen bleibst. Es ist eine große Kunst, einen Eindruck zu erwecken, ohne sich an bestimmte Worte zu binden.
- Bist du im Unrecht, benutze weite und all-

gemeine Ausdrücke – sie sind doppelbödig – und vervielfache Unterscheidungen und Unterteilungen ohne Ende.

- Taugt deine Sache nichts, berufe dich auf die Partei, taugt die Partei nichts, berufe dich auf die Sache, taugen beide nichts, verwunde den Gegner.
- Wenn du eine einzelne Person oder eine Gruppe von Personen angreifst, suche stets auch etwas zu loben. Das versöhnt nicht nur jeden Unbeteiligten, sondern auch die Angegriffenen und gibt dir den Anschein von Unparteilichkeit und deinem Angriff weiteres Gewicht.
- Die üblichen Leidenschaften, die man anstacheln muss, sind: Missgunst, Angst, Wünsche, Hoffnung und Hass.

[Zitiert nach: W. G. Hamilton: Die Logik der Debatte. Bemerkungen über den Glanz der Rede und die Schäbigkeit der Beweise. 4. Auflage 1991. Herausgegeben und übersetzt von G. Roellecke.]

Sich gegen faule Tricks wehren

Die folgende Übersicht nennt wesentliche Grundtypen unredlicher Argumentation.

- Verwendung von Argumenten, die nicht haltbar oder irrelevant sind,
- ungerechtfertigte oder übertriebene Auf- und Abwertung,
- verfälschende Ungenauigkeiten oder Lügen, die Verwechslung des absoluten Gegensatzes mit dem relativen,
- ungenaue oder falsche Schlussfolgerungen und Trugschlüsse,
- Begriffsbesetzung und Verwendung stillschweigender Voraussetzungen,
- Ablenkung von der Sache auf eine andere, nicht zur Diskussion stehende Sache,
- Ablenkung von der Sache auf die Person,
- Diskriminierung und Absprechen der Betroffenheit:
  - Drohen und Einschüchtern,
  - Lächerlich machen,
  - Hinhalten und Beschwichtigung,
  - Verständnis bekunden,
  - Lob und Dank,
- Effekthascherei, Verblüffungs- und Blendtechnik, nonverbales Manipulationsverhalten.

Einen faulen Trick erkennen ist bereits ein wichtiger Schritt, nun kommt es aber noch darauf an, auch den zweiten Schritt zu gehen: sich erfolgreich dagegen zur Wehr zu setzen.

Oft macht man den Fehler, dass man in der Sache weiter diskutiert, obwohl man sich gleichzeitig darüber ärgert, dass der Gesprächspartner unredlich argumentiert und damit vielleicht sogar die eigene Person verletzt hat. Vor lauter Ärger verliert man dann noch den »kühlen Kopf«, den man zur Argumentation dringend benötigt, man verrennt sich und dann scheint der Gegner auch noch in der Sache Recht zu haben.

In solchen Fällen sollte man die sachliche Diskussion kurz unterbrechen, um über die Kommunikation und die darin zum Ausdruck kommende zwischenmenschliche Beziehung zu sprechen, und dann wieder zur Sache zurückkehren. Das kann je nach Gegenüber ganz unterschiedlich formuliert werden:

»Ihre Bemerkung kann ich so nicht stehen lassen. Sie haben soeben gesagt – ich zitiere – ›Wer sich gegen diesen Vorschlag wehrt, muss von politischer Blindheit geschlagen sein.‹ Das ist zunächst einmal eine Anmaßung, denn Sie suggerieren damit, dass nur Sie die Dinge richtig sehen. Und zweitens unterstellen Sie damit, dass die Gegenseite keine sachlichen Argumente hätte. Um Recht zu behalten behaupten Sie, dass uns fehlt, was Sie selbst noch gar nicht unter Beweis gestellt haben. Das ist unredlich, weil Sie unsere Argumente noch gar nicht kennen. Bitte unterlassen Sie diese Polemik! Nun will ich aber zur Sache zurückkommen um Ihnen drei Argumente zu nennen, warum wir Ihren Vorschlag ablehnen.«

Oder: »Bevor ich auf deine Argumente zurückkomme, möchte ich noch auf deine Bemerkung eingehen. Du hast sinngemäß gesagt, ich sei doch selber schuld, dass ich mich aufrege. Das empfinde ich als unfair. Denn damit machst du das Problem vorschnell an mir als Betroffenem fest und nicht am Verursacher. Ich finde, so sollten wir nicht miteinander reden. (Ich werfe dir ja auch nicht vor, dass dir die Sensibilität für die Betroffenheit anderer Menschen abgeht). Das wollte ich dir sagen, aber jetzt komme ich zur Sache zurück.«

Metakommunikation:
Die Gesprächspartner machen die Art, wie sie miteinander umgehen, zum Gegenstand des Gespräches

A: *»Was guckst du so genervt?«*

B: *»Mich nervt, dass du mir dauernd ins Wort fällst.«*

A: *»Hm. Aber du brauchst ja auch jedes Mal endlos, bis du auf den Punkt kommst.«*

B: ...

Wichtig ist, dass man von der sachlichen Ebene kurz auf die zwischenmenschliche Ebene wechselt und dort nicht über die Inhalte, sondern die Art und Weise spricht, wie der andere argumentiert, und auf dieser übergeordneten Ebene (Metaebene) die unredliche Argumentation zurückweist.
Diese »Auszeit auf der Meta-Ebene« hat drei wesentliche Vorteile:

- Nachdem man den eigenen Ärger »abgearbeitet« hat, kann man sich wieder besser auf die Sache selbst konzentrieren.
- Man gibt dem Gesprächspartner das klare Signal, dass unredliche Argumentationsweisen auch künftig nicht hingenommen werden.
- Den anderen Zuhörern aber – und dies ist ein wesentlicher Vorteil – wird deutlich gemacht, dass die Gegenseite unredlich argumentiert hat und dass diese Argumentation nicht zulässig ist.

Der Grundsatz lautet also:
Unredliches auf der Metaebene entlarven, um dann zur Sache zurückzukehren.

Da die Übergänge zwischen redlichen und unredlichen Argumentationsweisen fließend sind, lohnt es sich, einmal über die folgenden Fälle nachzudenken. Eigentlich gilt es als unfair, »ad personam« zu argumentieren, also nicht über die Sache zu diskutieren, sondern persönlich zu werden.
Versetzen Sie sich dabei auch in die Lage der einzelnen Betroffenen. Wie würden Sie jeweils argumentieren?

Ist es legitim, ...

- ... einen Politiker, der in öffentlichen Reden Frauen das Recht auf Abtreibung abspricht, aber seine schwangere Freundin zur Abtreibung gedrängt hat, zu entlarven?
- ... einen Politiker wegen einer Straftat, die schon etwas länger zurückliegt und die aus uneigennützigen Motiven erfolgt ist, abzusetzen?
- ... das homosexuelle Mitglied einer Partei zu »outen«, die durch ihre Politik Homosexuelle diskriminiert?
- ... einen Gewerkschaftsfunktionär, der einen Schwarzarbeiter am 1. Mai zum Ausbau seiner Terrasse beschäftigt, seines Postens zu entheben?
- ... einen Kriegsdienstverweiger, der bei einer gewaltsamen Demonstration Steine geworfen hat, zur Bundeswehr einzuziehen?

Inhalte durch Präsentationstechniken visualisieren

Visualisierung als sinnvolle Ergänzung des Sprechens

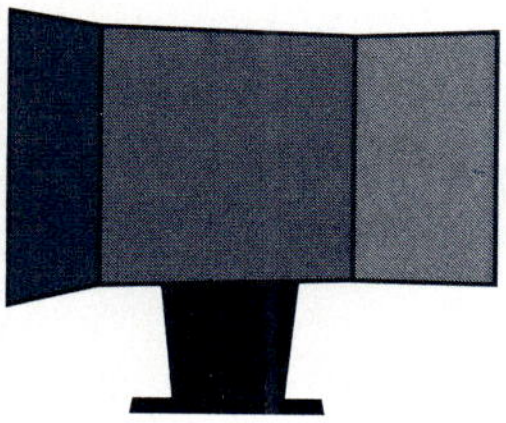
Tafel

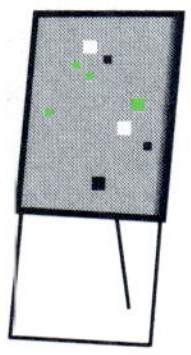
Flipchart

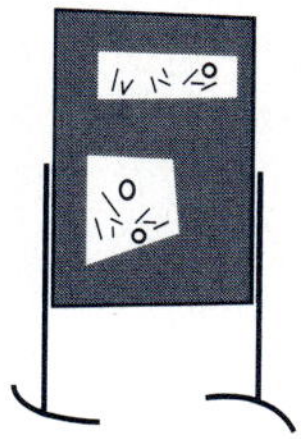
Pinnwand

Projektor

Computergestützte Präsentation

Sie haben bei Ihrem Vortrag das Spannungsfeld der Rhetorik eingehalten und sich an den Voraussetzungen und Erwartungen der Zuhörer orientiert? Sie haben frei gesprochen und dabei intensiven Blickkontakt gehalten? Sie haben verständlich, zielgerichtet und überzeugend argumentiert? Und dennoch sind sie überrascht, wie wenig Ihre Zuhörer vom Gesagten verstanden und auch wirklich behalten haben? Dann wird es Zeit, sich mit dem Thema Visualisierung zu beschäftigen.

Wenn nach Aristoteles jeder Vortrag seinem Wesen nach auf den Zuhörer »zielt«, so muss sich der Redner auch darüber Gedanken machen, wie sein Publikum die vorgetragenen Inhalte eigentlich wahrnimmt. Genügt es, wenn sein »Auditorium« den Vortrag nur hört oder sollte es die wichtigsten Aussagen auch sehen?

Wenn der Mensch normalerweise mit Augen und Ohren wahrnimmt, dann ist eine Rede ohne Visualisierung einseitig, denn die zweite wichtige Sinneswahrnehmung bleibt weitgehend ungenutzt. Also genügt es nicht, die Sache nur mündlich vorzutragen, die wesentlichen Inhalte müssen auch sichtbar gemacht – also visualisiert – werden.

Dahinter verbirgt sich die Erfahrung, dass der Zuhörer besser versteht und deutlich mehr behält, wenn er die wesentlichen Inhalte des Gehörten auch sieht. Dies heißt im Umkehrschluss: Wer wirklich auf Visualisierung verzichten wollte, nähme in Kauf, dass ihn seine Zuhörer schlechter verstehen und deutlich weniger von seinem Vortrag behalten.

Zur Visualisierung bieten sich verschiedene Präsentationstechniken an, auf die im zweiten Teil dieses Kapitels noch genauer eingegangen wird: die Tafel, das Flipchart, die Pinnwand, die Folie für den Tageslichtprojektor und die computergestützte Präsentation.

Alle diese Visualisierungstechniken machen schwierige Inhalte verständlicher und sorgen dafür, dass diese Inhalte auch besser im Gedächtnis haften bleiben.

Darüber hinaus sind weitere Vorteile bedenkenswert. Kreuzen Sie bitte an, welche Vorteile auch bei Ihren Vorträgen zur Wirkung kommen sollten:

- ○ Durch Visualisierung wird die Aufmerksamkeit der Zuhörer gebündelt und (wie bei jedem Methodenwechsel) vorübergehend erhöht.
- ○ Indem Zuhörer die Visualisierung als etwas besonders Wichtiges erfahren, wird ein diskretes (nonverbales) Signal zum Mitschreiben gegeben.
- ○ Die Visualisierung ist während des Vortrags präsent (zumindest kann sie wieder zurückgeholt werden); die Zuhörer können sich bei Zwischen- und Nachfragen leichter auf bestimmte Gliederungspunkte beziehen.
- ○ In der Sache werden deutliche Schwerpunkte gesetzt; Komplexes wird veranschaulicht.
- ○ Durch Reduktion auf das Wesentliche lassen sich Strukturen leichter erkennen.
- ○ Durch die Wahrnehmung über zwei Lernkanäle wird die Gefahr von Missverständnissen vermindert; die Genauigkeit der Infor-

mationsübertragung (Daten, Rechtschreibung) wird verbessert.

- Der Vortragende kann die Visualisierung als Stichwortliste für das freie(re) Sprechen nutzen *(so genannter »Medientrick«, vgl. S. 35).*
- Visualisierungen erhöhen die Verständlichkeit und die Einprägsamkeit des Gesagten. Dabei genügt es allerdings nicht, dass visualisiert wird, vielmehr kommt es auf das Wie, also auf die angemessene Präsentationstechnik und die konkrete Gestaltung an. Denn ein und derselbe Inhalt kann auf sehr unterschiedliche Weise visualisiert werden.

Zur Schulung unserer visuellen Wahrnehmung führen wir uns den folgenden Sachverhalt vor Augen: »Wir behalten von dem, was wir lesen 10 %, hören 20 %, sehen 30 %, sehen und hören 50 %, selbst vortragen 70 %, selbst ausführen 90 %.« Diese Aussagen werden nun dreimal auf jeweils ganz unterschiedliche Weise visualisiert und von Folie über den Tageslichtprojektor an eine quadratische Projektionswand geworfen.

a

Vergleichen Sie die drei Visualisierungen:

- Was lässt sich jeweils beobachten, was hat sich verändert?
- Wodurch erhöhen sich die Verständlichkeit und die Einprägsamkeit?
- Lohnt sich der gedankliche und der technische Gestaltungsaufwand?
- Wie würden Sie den Inhalt gestalten? Entwerfen Sie Ihre eigene Visualisierung.
- Würden Sie Ihre Visualisierung eher per Hand oder mit dem Computer anfertigen?

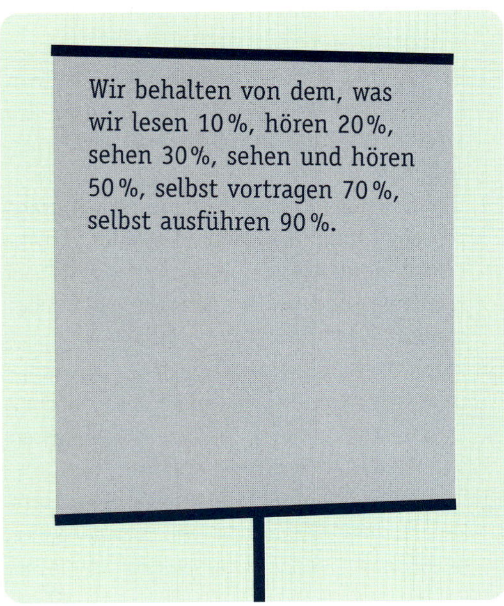

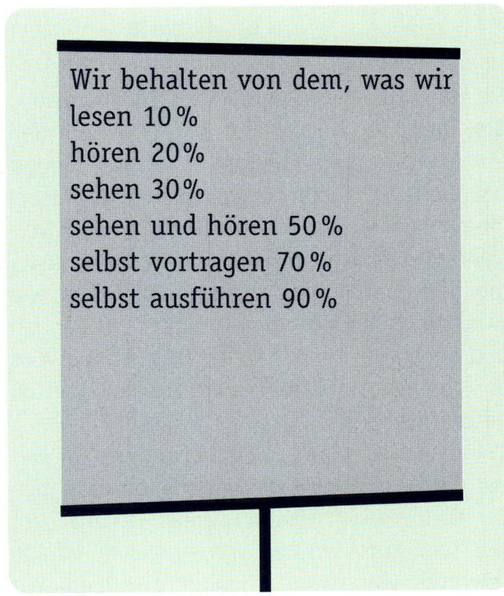

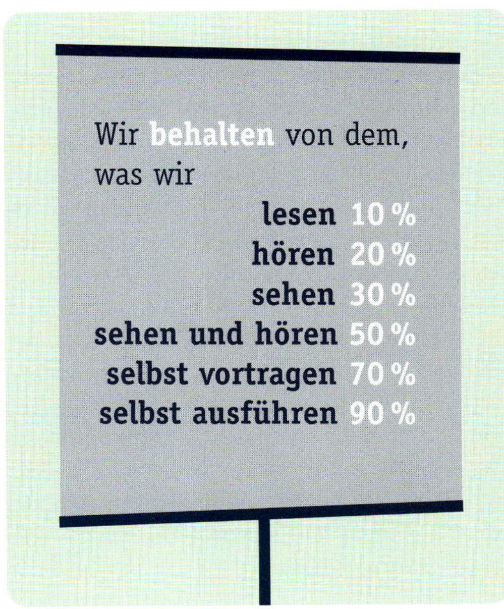

Die drei Projektionsbeispiele machen offenkundig, dass schwierige Inhalte durch bewusste Visualisierungen prägnanter und anschaulicher dargestellt werden und dass es sich lohnt sowohl über die Gestaltung der Visualisierung als auch über die passende Präsentationstechnik nachzudenken.

Bitte kreuzen Sie auch hier an, was nach Ihrer persönlichen Einschätzung bei Visualisierungen beachtet werden sollte:

○ Visualisierungen haben grundsätzlich eine Überschrift; diese kann auch, wenn man Ergebnisse nicht vorweg nehmen möchte, nachträglich erfolgen.

○ Visualisierungen sollen nicht nur einzelne Informationen aufzählen, sondern möglichst auch deren gedankliche Struktur verdeutlichen.

○ Visualisierungen dienen der Reduktion und der Konzentration, daher: Mut zur Lücke und Verzicht auf unnötige Details!

○ Visualisierungen sollen sprachlich einheitlich gestaltet sein; ein unmotivierter Wechsel zwischen »Man«, »Wir« und »Ich« bzw. zwischen Stichworten und Sätzen oder zwischen verbalen und nominalen Formulierungen (»Opposition beschuldigt Kanzler« oder »Kanzlerbeschuldigung durch Opposition«) ist für den Zuhörer verwirrend.

○ Daten und Zahlenwerte sollten möglichst grafisch dargestellt werden: als Kurven-, Balken oder Kreisdiagramm.

○ Visualisierungen sollen arbeitsökonomisch sein: Sie sollen auf das Nötigste reduziert und gleichzeitig so ausführlich sein, dass der Zuhörer auch nach einigem zeitlichen Abstand etwas mit den Stichworten anfangen kann.

○ Visualisierungen dürfen – wenn sie mitgeschrieben werden sollen – den Zuhörer nicht überfordern; aber auch der Aufwand für den Referenten soll in einem angemessenen Verhältnis stehen.

○ Der Vorgang des Schreibens oder der Projektion sollte sich harmonisch in den Vortrag einpassen und den Blickkontakt nicht zu lange unterbrechen. Keine Visualisierung ist so gut, dass sie eine Verschlechterung der Rhetorik rechtfertigt.

○ Die Funktion der jeweiligen Visualisierung sollte jedem Zuhörer bewusst sein: Soll mitgeschrieben werden oder dient die Visualisierung nur zur Anschauung? Handelt es sich um Basiswissen oder nur um eine ergänzende oder illustrierende Visualisierung?

Warum sollte der Redner überhaupt visualisieren?

◉ Die Sache wird verständlicher.

◉ Der Zuhörer behält deutlich mehr.

◉ Der Redner kann frei(er) sprechen. (Medientrick)

Beim Einsatz von Visualisierungen ist zu bedenken, dass diese auf mannigfaltige Weise eingesetzt werden können. Sie können den Vortrag vom Anfang bis zum Schluss begleiten oder sie können punktuell eingesetzt werden, bei einer besonders wichtigen Stelle (etwa dem Höhepunkt der Rede) oder bei einer Zusammenfassung. Sie können alle wesentlichen Informationen bewusst machen oder nur die Gliederung des Vortrags wiedergeben. Sie können als »Augenöffner« schlaglichtartig den Vortrag einleiten und das Thema motivieren oder – etwa als Karikatur – einen humorvollen Schlusspunkt (Pointe) abgeben. Sie können du- oder sachori-

entiert eingesetzt werden: also nur die wesentlichen Du-Botschaften, den Appell bzw. das Fazit für den Zuhörer, sichtbar machen oder die Struktur des Themas wiedergeben und alle wichtigen Aussagen zusammenfassen.
So verschieden die Einsatzmöglichkeiten auch sein mögen, sie sollten immer auf ihre Funktion im Rahmen des Vortrags überprüft werden.
Entscheidend ist dabei ihre Grundorientierung: Dient die Visualisierung nur dazu, die Sache aus der Sicht des Redners darzustellen oder soll sie auch Anregungen und Standpunkte der Zuhörer visualisieren? Je offener eine Visualisierung für die Ergänzungen aus dem Publikum, desto besser. Wenn Präsentationstechniken in der Praxis häufig leider zum ich-orientierten Monologisieren missbraucht werden, so zeigt dies allenfalls, dass ihnen die Du-Orientierung und der entsprechende rhetorische Orientierungsrahmen fehlt. Optimal eingesetzt lassen sie den Vortrag in einen Dialog übergehen, in dessen Verlauf die gemeinsam mit den Zuhörern erarbeiteten Ergebnisse visuell festgehalten werden.

Bevor wir uns den einzelnen Präsentationstechniken zuwenden, sind hier die wichtigsten Gestaltungsprinzipien zusammengefasst.

Acht Gestaltungsprinzipien für Visualisierungen

Durch bewusste Gestaltung wird eine Visualisierung (Tafel, Flipchart, Pinnwand, Folie, computergestützte Präsentation) verständlicher, interessanter und einprägsamer. Dabei sind jedoch die folgenden Prinzipien zu beachten:

Struktur: Die Visualisierung sollte vor allem die gedankliche Struktur des Vortrags widerspiegeln; dabei sind u. a. die folgenden Kategorien zu berücksichtigen:
- Zuordnung, Abgrenzung
- Unter- oder Überordnung
- Chronologie oder Kausalität (Ursache, Wirkung)
- Gegensätzlichkeit (Pro – Kontra, Vor- und Nachteile)
- Aufzählung: zufällig oder in bewusster Reihenfolge (z. B. Steigerung)

Textreduktion: Die Visualisierung muss sich deutlich vom gesprochenen Text absetzen. Sie dient der gedanklichen Reduktion und der Konzentration auf das Wesentliche.

Hervorhebung: Was besonders wichtig ist, kann durch Auszeichnung, Farbigkeit oder Schriftwechsel optisch hervorgehoben werden.

Ähnlichkeit: Was ähnlich oder gleich ist bzw. der gleichen Kategorie angehört, sollte durch ähnliche oder gleiche Formatierungen dargestellt werden (Schriftart, Schriftgröße, Auszeichnung, Farbe).

Zusammenhang: Was inhaltlich zusammen gehört, sollte durch Absätze, unterschiedliche Zeilenabstände, Trennungslinien, Spalten usw. von anderen Inhalten abgesetzt werden. Wichtiges kann durch Textrahmen oder Tonwertflächen (Schattierungen) zusätzlich hervorgehoben und zusammengefasst werden.

Grafische Elemente: Texte lassen sich häufig durch Bilder, Skizzen oder Diagramme ergänzen. Auch Symbole (Pfeile, Gliederungspunkte, Verkehrszeichen usw.) oder prägnante Formen (Pyramide, Entwicklungsstufen, Haus, Säulen usw.) sind für die Gestaltung von Texten hilfreich.

Farbigkeit: Farbe erhöht nicht nur die Aufmerksamkeit bei einer Visualisierung. Gezielt eingesetzt (das heißt: konsequent, funktional und sparsam verwendet) kann Farbigkeit darüber hinaus Strukturen verdeutlichen und somit auch die Verständlichkeit erhöhen.

Angemessenheit: Beachtet werden sollten nicht nur der Zusammenhang von Inhalt und Form, sondern auch Situation und Zielgruppe sowie der Grundsatz der Arbeitsökonomie. Übertreibungen in der Gestaltung verbieten sich damit von selbst.

Fünf Präsentationstechniken zur Auswahl

Präsentationstechniken sind keine Erfindung unserer Tage. Die älteste Präsentationstechnik ist wohl das »Zeigen eines Gegenstandes«. Schon in den antiken Rednerschulen wurde den künftigen Rednern empfohlen, auch Gegenstände zur besseren Veranschaulichung zu demonstrieren. Bei der Leichenfeier für den ermordeten Caesar ließ Antonius dessen blutbeflecktes und von Dolchstichen durchlöchertes Gewand ausstellen und brauchte so nur wenige Worte, um das auf dem Forum versammelte Volk gegen die Caesar-Mörder aufzupeitschen. Aber auch in profaneren Redesituationen spielt die Zeige-Technik eine Rolle. In der Neuzeit hat sich der naturwissenschaftliche und technische Versuch als effektive Präsentationstechnik bewährt. Selbst in dem an Präsentationen armen Bundestag wurde die Zeige-Technik bereits angewandt: Bei einer Debatte um die Massentierhaltung diente ein DIN A4-Blatt dazu, um den erstaunten Abgeordneten die qualvolle Enge eines Käfigs für Legehennen zu veranschaulichen.

Natürlich gibt es zwischen diesen Präsentationstechniken auch Mischformen: Ein für eine computergestützte Präsentation vorgesehener »Screen« kann natürlich auch auf Folie ausgedruckt und über den Tageslichtprojektor an die Projektionswand geworfen werden. Und gute Flipcharts sind inzwischen mit einer weichen Rückwand ausgestattet, sodass sie auch als Pinnwand für hochformatige Moderationen verwendet werden können. Auch Whiteboards können

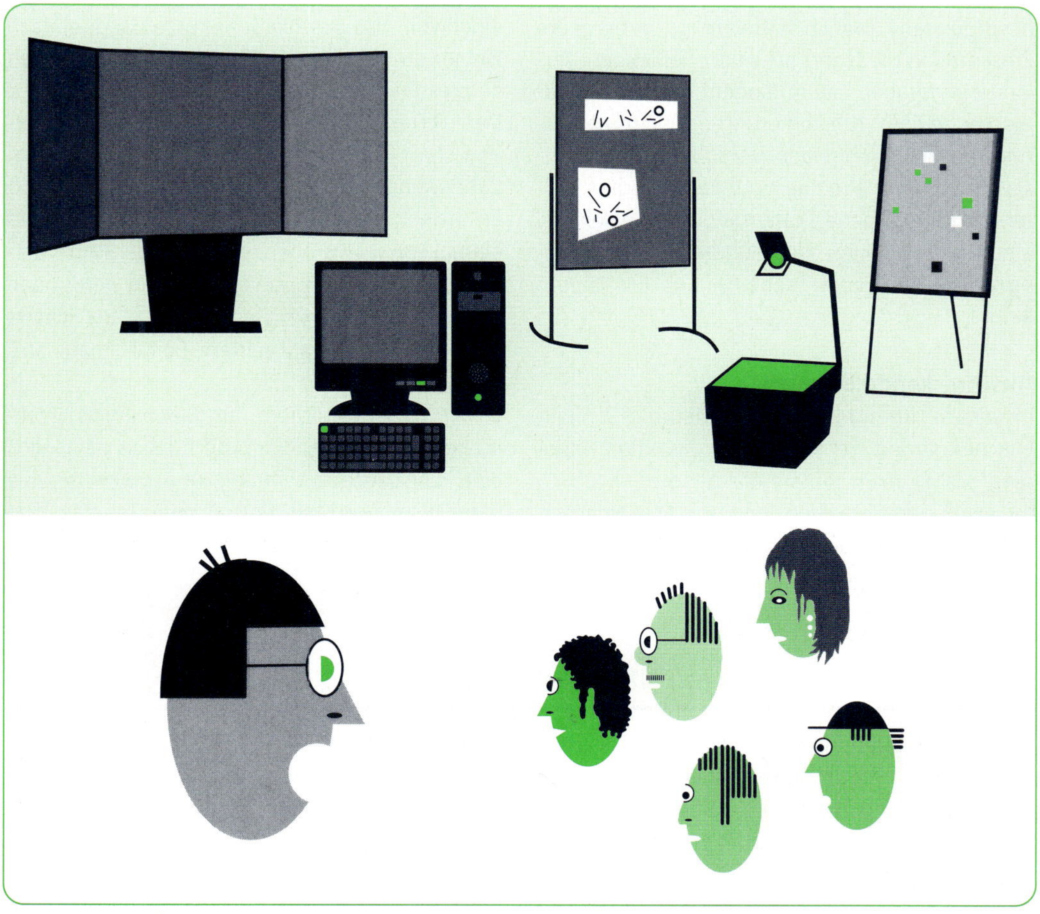

Präsentationstechniken stehen grundsätzlich im Hintergrund. Entscheidend ist der direkte Kontakt zwischen dem Redner und seinem Publikum.

bei einem metallenen Untergrund mithilfe von Magneten zu Pinnwänden umfunktioniert werden.

Ob Tafel oder Folie, ob Flipchart oder Pinnwand, ob mit Kreide oder mit Funkmaus – all diese Präsentationstechniken sind nur Hilfsmittel um dem Zuhörer die Sache verständlich und einprägsam darzustellen. Als Hilfsmittel stehen sie im Hintergrund. Niemals dürfen sie den Vortrag dominieren oder gar dem Redner Gelegenheit bieten, sich hinter der Technik zu verstecken. Der Redner bleibt im Vordergrund. Sein direkter Kontakt mit dem Zuhörer darf nicht durch Präsentationstechniken verstellt werden.

Grundsätzlich sollte sich der Redner mit allen gängigen Präsentationstechniken vertraut machen und die ausgewählten rechtzeitig vorher ausprobieren. Manch aufwendig vorbereitete Präsentation ist schon an einem fehlenden Verlängerungskabel, einem eingetrockneten Boardmarker, einem Konvertierungsproblem am PC oder an einer fehlenden Verdunklungsmöglichkeit gescheitert. Weniger routinierte Redner sollten sich ihre eigene Präsentation vorher einmal aus der Perspektive der Zuhörer anschauen – nicht aus der ersten, sondern aus der letzten Reihe!

Abschreckende Beispiele

In einem Rhetorikkurs der Marke »Schnellbleiche« lernen die Teilnehmer, dass man unbedingt visualisieren müsse, das gehöre schließlich zu einem erfolgreichen Vortrag. Nun machen sich die angehenden Redner fleißig ans Werk, beschaffen sich die notwendigen Informationen und entwickeln eine nachvollziehbare Argumentation. Doch die eigentliche Präsentation wird zum Alptraum:
Der erste Teilnehmer beginnt seinen Vortrag, indem er erst einmal selbst die Tafel wischt, dabei hinterlässt der Kreidestaub sichtbare Spuren auf der Kleidung, an den Händen und – wie zum Teufel kommt der dort hin? – am Ohrläppchen des Redners.
Der zweite Teilnehmer legt, von seinen Visualisierungen selbst am meisten begeistert, seine 27 mit sehr viel Mühe hergestellten Folien – Schriftgröße 12 Punkt, damit mehr auf eine Folie drauf geht! – auf und wundert sich, warum ihm all die Mühe mit kaum unterdrücktem Desinteresse gedankt wird.
Der dritte Teilnehmer hat drei Papierbögen vorgesehen, findet auf dem Flipchart aber nur noch einen vor. Also beschließt er kurzerhand, einfach kleiner zu schreiben und alles auf einen Bogen zu pressen.
Der vierte Teilnehmer hat sich mit großer Leidenschaft in »PowerPoint« hineingearbeitet und dabei seinem Spieltrieb freien Lauf gelassen. So erscheinen die Texte auf der Präsentationswand einmal von rechts oben, dann aus der Mitte heraus und schließlich von links unten, verbunden mit unterschiedlichen Geräuschen. Zum Schluss wird aus Mangel an echtem Beifall imaginärer Applaus eingespielt.
Damit dieser Alptraum für Sie niemals Wirklichkeit wird, stellen Sie bitte für sich persönlich eine Checkliste zusammen und vergessen Sie dabei nicht, vor Ihrem Vortrag eine Generalprobe einzuplanen!

Tafelanschrieb: Mit einfachen Mitteln unmittelbar visualisieren

Eine der ältesten und bewährtesten Präsentationstechniken ist der Tafelanschrieb. Eine geniale Technik, denn mit wenig Aufwand ist sie in den meisten Unterrichtsräumen jederzeit einsatzbereit, dabei günstig in den Kosten und ökologisch wie keine andere Technik.

Tafelanschriebe sind unmittelbar und einzigartig. Da sie nach der Unterrichtsstunde oder dem Vortrag wieder weggewischt werden, werden sie immer eigens für eine bestimmte Zuhörergruppe entwickelt. Die persönliche Handschrift und eigene Skizzen verleihen dem Tafelanschrieb eine persönliche Note.

»Verknüpfungen bei der Argumentation«

Da sich der Tafelanschrieb vor den Augen der Zuhörer vollzieht, ist die Entwicklung der Gedanken besonders leicht nachvollziehbar. Daneben lässt sich der Anschrieb auch im Dialog mit den Zuhörern entwickeln und ist daher auch für spontane Ergebnisse offen. Wenn sich ein Beitrag in der nachfolgenden Diskussion als falsch erweist, ist die entsprechende Visualisierung schnell wieder weggewischt. Diese Offenheit bedeutet aber nicht, dass der Tafelanschrieb nicht sorgfältig vorbereitet und genau geplant sein will. Ganz im Gegenteil: Der Redner weiß genau, wann er im Verlauf der Rede die Tafel einsetzt, welche Funktion der Tafelanschrieb hat und welche Struktur er ihm geben will. Der Tafelanschrieb sollte sich aus dem Vortrag oder der Diskussion mit den Zuhörern ergeben, daher wird er nur selten ganz am Anfang stehen. Der Tafelanschrieb kann dazu dienen, die wichtigsten Inhalte des Vortrags festzuhalten oder die Beiträge der Zuhörer zu sammeln. Immer sollte er aber eine klare Struktur aufweisen: ein Spaltenschema mit Vor- und Nachteilen, eine Aufzählung in chronologischer oder sachlogischer Reihenfolge oder eine Unterordnung unter bestimmte Oberbegriffe und Aspekte. Wenn es dem Redner gegeben ist, vor den Augen der Zuhörer ein Tafelbild zu entwerfen, dann ist das Medium Tafel optimal eingesetzt.

Beim Schreiben an der Tafel sollte der Redner möglichst nicht oder nur wenig sprechen. Die eintretende Stille ist ein stummer Impuls zum Mitschreiben oder zumindest eine Mitdenkpause für den Zuhörer. Gute Tafelanschriebe zeichnen sich durch eine gelungene Reduktion aus; sie halten also nicht wörtlich und in voller Ausführlichkeit das Gesagte fest, sondern fassen es in prägnanten Formulierungen zusammen. Dies ist wichtig, damit sich der Redner nicht zu lange von seinem Publikum abwendet und damit der

Anschrieb nicht zu umfangreich wird, denn das Mitschreiben ist – aus rhetorischer Sicht – nicht der zentrale Sinn eines Vortrags. Daher gilt die Faustregel: Niemals während des Vortrags wischen – eine Tafel für einen Vortrag!
Die gedankliche Struktur des Tafelanschriebs muss sich auch in der grafischen Anordnung widerspiegeln: durch Abstände, durch Gliederungssymbole, durch Unterstreichungen, aber auch durch den Einsatz von farbiger Kreide oder von Druck- und Großbuchstaben.
Trotz vieler Vorteile scheuen Redner häufig vor dem Tafelanschrieb zurück: Der körperliche Aufwand, der zu erwartende Kreidestaub an Händen und Kleidung und die Organisation des nachträglichen Tafelwischens halten manchen von dieser sinnvollen Präsentationstechnik ab. Wirklich ernst zu nehmen sind Vorbehalte wegen einer unschönen Schrift oder aufgrund von Unsicherheiten in der Rechtschreibung.
Zunächst zur Schrift: Diese ist meist besser lesbar, als es der Schreiber annimmt, zumal sich die Zuhörer meist überraschend schnell an die individuelle Schrift des Redners gewöhnen. Wer sich in seinen persönlichen Notizen eine schludrige oder nachlässige Schrift zugesteht, schreibt in der öffentlichen Situation an der Tafel zudem oft sorgfältiger. Im Gegensatz zur glatten Oberfläche auf der Folie oder der White Board hat die Kreidetafel den Vorteil, dass sie zu einem langsameren Schreiben zwingt und damit in den meisten Fällen auch eine bessere Schrift fördert.
Wer keine Erfahrung mit dem Tafelanschrieb hat, sollte dies vor dem Vortrag aber unbedingt einmal ausprobieren, nicht nur wegen der Schrift, sondern auch wegen der Anordnung.
Nun zur Rechtschreibung: Grundsätzlich weiß der Redner ja schon bei der Vorbereitung seines Vortrags, was er an die Tafel schreiben oder auf andere Weise visualisieren möchte. In dieser Phase kann er sich der korrekten Schreibweisen vergewissern und sich diese einprägen. Zur Sicherheit kann er den geplanten Aufschrieb einer vertrauten Person zur Korrektur geben.
Schwieriger wird es, wenn er spontane Beiträge aus dem Publikum aufgreifen und visualisieren möchte. Aber auch das gehört zu einer gründlichen Redevorbereitung: dass der Redner die möglichen Antworten der Zuhörer bedenkt und mögliche Rechtschreibprobleme im Vorfeld überprüft. Aber zugegeben, es bleibt ein Risiko, dessen Bewältigung sehr von der Souveränität und Selbstsicherheit des Einzelnen abhängt.
Keiner der Vorbehalte, weder die Unzufriedenheit mit der eigenen Handschrift noch Unsicherheiten in der Rechtschreibung, rechtfertigen den Verzicht auf diese Präsentationstechnik, die unmittelbar Gedanken visualisiert und offen ist für spontane oder im Unterrichtsgespräch herbeigeführte Vorschläge aus dem Publikum.

In der Regel ist die Tafel zwei Meter breit und einen Meter hoch; die meist aufklappbaren Seitentafeln haben dann jeweils eine Fläche von einem Quadratmeter. Bei einer Zeilenhöhe von acht bis 10 Zentimetern passen also 10 bis 12 Zeilen gut auf die Tafel. Mehr sollten es aber nicht sein!
Die zentralen Aussagen sollten auf der Haupttafel platziert werden. Die Seitentafeln sollten für Anmerkungen und Erläuterungen reserviert bleiben. Da Kreidestaub im Bereich der Computer und der modernen Bürokommunikation unerwünscht ist (vielleicht auch, weil die Kreidetafel mit negativen Schulerlebnissen assoziiert wird), sind Tafel und Kreide in vielen Bereichen durch die White Board mit den entsprechenden Filzstiften (Boardmarkern) ersetzt worden. An der Funktion des Tafelanschriebs und der Notwendigkeit einer Visualisierung ändert sich dadurch grundsätzlich kaum etwas. Erwähnenswert ist lediglich die Möglichkeit Magnete zu verwenden. Mit deren Hilfe lassen sich vorbereitete Materialien (Papierbögen, Poster, Zeichnungen, Fotos oder Moderationskarten) schnell und problemlos anbringen und gegebenenfalls durch spontane Anschriebe ergänzen.

Flipchart: Wichtiges auf Dauer präsentieren

Das Flipchart wird mitunter benutzt, wenn eine Tafel nicht zur Verfügung steht. Dies wird aber den Möglichkeiten dieses Mediums nicht gerecht. Flipcharts sind mehr als ein Tafelersatz.
Sie werden immer dann eingesetzt, wenn ein Anschrieb auch längere Zeit nach dem Vortrag noch präsent sein soll oder wenn mehrere Visualisierungen gleichzeitig den Zuhörern vor Augen geführt werden sollen. Denn bei dieser Präsentationstechnik wird auf große Papierbögen geschrieben, die während des Vortrags oder danach im Raum aufgehängt werden können. Die Arbeit mit dem Flipchart ist somit besonders geeignet für längere Unterrichtsprojekte, Workshops und mehrtägige Seminare. Bei Besprechungen bietet das Flipchart den Vorteil, dass das Besprechungsergebnis schwarz auf weiß und für alle sichtbar festgehalten wird.
Ähnlich wie bei der Präsentation einer Folie gibt es auch beim Flipchart unterschiedliche Vorgehensweisen:

- Ein leerer Bogen wird parallel zum Vortrag vor den Augen des Publikums vollgeschrieben.
- Der Bogen weist eine vorbereitete Grobstruktur auf, die nach und nach mit Inhalten gefüllt wird.
- Mehrere Bögen werden vor der Präsentation mit Überschriften (Aspekten) versehen, die während des Vortrags ausgeführt werden.
- Ein oder mehrere fertig beschriebene Bögen werden zum Vortrag präsentiert.

Auch was die Offenheit gegenüber dem Publikum anlangt, kann das Flipchart wie die Tafel eingesetzt werden: Die Inhalte können ausschließlich vom Redner oder nur vom Publikum geliefert werden oder sie werden gemeinsam im Dialog zwischen Redner und Publikum erarbeitet, wobei meist der Redner die Struktur liefert und die Zuhörer die dazu passenden Ideen.

Anders als die Wandtafel kann das Flipchart variabel im Raum aufgestellt werden. Es kann also direkt vor den Zuhörern platziert werden, die somit unmittelbar der Präsentation gegenübersitzen.

Diese Nähe wirkt sich bei Besprechungen zwischen gleichberechtigten Partnern günstig auf die Atmosphäre aus. Diese deutlich geringere Distanz zwischen dem an der Präsentationsfläche stehenden Redner und den Zuhörern ist der zweite große Vorteil dieser Technik.

Flipchart zum »Stil einer Rede«

In der Regel ist die Arbeitsfläche eines Flipcharts etwa 70 cm breit und 100 cm hoch. Die Papierbögen sind weiß oder beige (wie Packpapier). Das Papier ist kariert, mit für den Zuhörer kaum sichtbaren Orientierungspunkten oder mit einer dezenten Linie versehen. (Manche Flipcharts sind zusätzlich für Magnete oder zum Pinnen geeignet.) Die empfohlene Schriftgröße hängt von der Anzahl der Zuhörer und von der Raumgröße ab. Bei Besprechungen in kleinen Gruppen können es bis zu zwölf Zeilen sein; bei der Präsentation vor einem größeren Publikum sollten es nicht mehr als acht Zeilen sein. Weniger ist in beiden Fällen von Vorteil!

Geschrieben wird mit breiteren Filzstiften (»Markern«), die in verschiedenen Farben erhältlich sind. Für Überschriften verwendet man Stifte mit besonders breiten, keilförmigen Spitzen. Auf dem Flipchart werden nicht Einzelbögen, sondern ganze Blocks mit bis zu 20 Papierbögen befestigt. Ist ein Bogen beschrieben, wird er nach hinten geklappt. Wird er noch benötigt, kann er für alle gut sichtbar an eine Wand gepinnt oder geklebt werden.

Pinnwand: Die Zuhörer an Entscheidungen beteiligen

Die Arbeit an der Pinnwand unterscheidet sich in einem Punkt grundsätzlich von den anderen Präsentationsmethoden: Der Text wird nicht auf die Präsentationsfläche geschrieben, sondern auf Karten, die dann mit Nadeln an die Wand gepinnt werden. Das hat den Vorteil, dass alle Textelemente verschoben, ergänzt oder verworfen und schließlich neu geordnet werden können. Damit ist diese Methode für offene Entscheidungssituationen, für Bewertungen und Zuordnungen, die auch von den Zuhörern vorgenommen werden können, vorzüglich geeignet. Wer als Redner in den Dialog mit seinen Zuhörern treten will und das Ergebnis dieses Dialogs visualisieren möchte, entscheidet sich gerne für die Arbeit an der Pinnwand.

Natürlich kann die Pinnwand im Rahmen eines Vortrags auch monologisch genutzt werden: Der Redner hat alle Textkarten bei seiner Vorbereitung selbst beschrieben und lässt seine Zuhörer während des Vortrags an der Visualisierung seiner Gedanken teilhaben.

An der Tafel hätte das Anschreiben bei einer größeren Textmenge viel Zeit gekostet. Insofern hat diese monologische Art der Informationsvermittlung durchaus ihre Berechtigung.

Unterschiedliche Farben und Formen tragen zur übersichtlicheren Gliederung und damit zu einem anschaulichen Modell bei. Hält der Vortragende leere Karten und Stifte bereit, sind nachträgliche Ergänzungen und Korrekturen jederzeit möglich.

Sehr viel häufiger ist die Arbeit an der Pinnwand aber im Sinne der so genannten »Moderations-Methode«. Diese ist ursprünglich für Besprechungen konzipiert worden, bei denen alle Teilnehmer zum Ergebnis beitragen. Wird diese Technik im Rahmen eines Vortrags angewandt, so bezieht der Redner die Zuhörer intensiv in den Entscheidungsprozess ein.

Nimmt er die Zuhörer dabei mit ihren Vorschlägen ernst, verändern sowohl der Redner als auch der Zuhörer ihre Rolle. Der Redner nimmt sich aus seiner aktiv-dominanten Rolle zurück, er wird zum Moderator. Er beherrscht zwar besonders gut die Technik und hat gegenüber den Zuhörern eine Leitungsfunktion inne, indem er sich für die Pinnwand als Präsentationstechnik entscheidet, die Grobstruktur und den Ablauf plant, also die Präsentation methodisch leitet. Inhaltlich überlässt er das Ergebnis aber weitgehend den Zuhörern. Die Zuhörer geben ihre passive Rolle auf und bringen sich als Betroffene, als Beteiligte oder als Entscheidungsträger aktiv in den Entscheidungsprozess ein. Als Moderator überlässt es ihnen der Redner in einer bestimmten Phase seines Vortrags das Problem zu lösen oder Lösungsansätze zu entwickeln.

Der Ablauf stellt sich als Grundstruktur folgendermaßen dar:

- Der Redner übernimmt die Rolle des Moderators und erläutert die Vorgehensweise, er initiiert auch den ersten Arbeitsschritt.

- Jeder Teilnehmer nimmt kurz Stellung zur Bedeutung des Themas für ihn persönlich, indem er dies mit einem Klebepunkt auf einer Werteskala (von »Interessiert mich sehr« bis zu »Interessiert mich gar nicht«) markiert. Sehr bewährt hat es sich auch, auf diese Weise ein Zeitlimit zu vereinbaren.
- Die Teilnehmer sammeln in einer Stillarbeitsphase eigene Ideen zur Lösung des Problems.

●	Nicht bzw. nicht länger als 10 Min. behandeln
● ●	10 bis 20 Minuten
● ● ● ● ● ●	20 bis 30 Minuten
● ● ● ● ●	30 bis 40 Minuten
● ●	Länger als 40 Min. behandeln

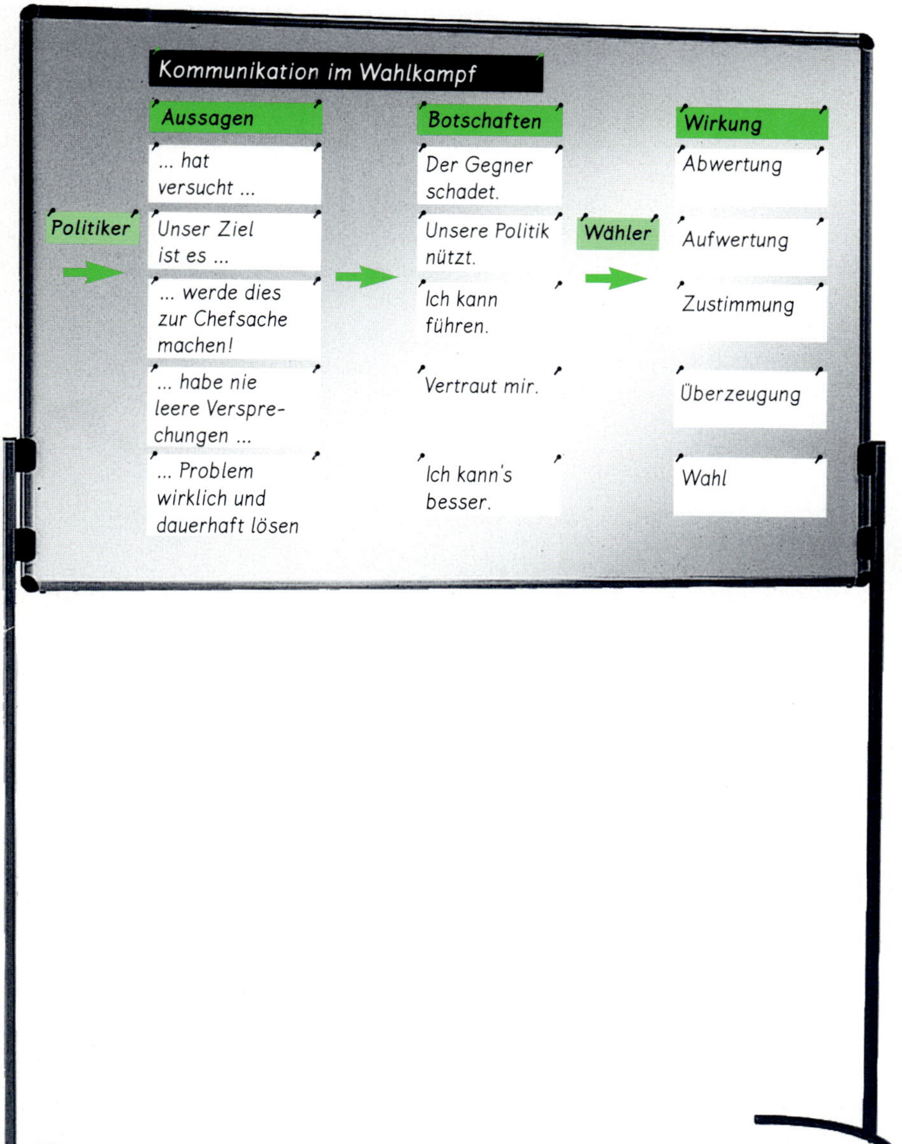

Pinnwand zur Kommunikation im Wahlkampf (nach Lasswell, 1948): Wer sagt was mit welchen Mitteln zu wem mit welcher Wirkung?

Jeder Teilnehmer stellt seinen Lösungsvorschlag vor der Gruppe vor und pinnt die entsprechende Karte an die Wand. In dieser Phase ist Kritik nicht zulässig.

- Nachdem alle Lösungsvorschläge vorgestellt und erläutert sind, werden sie im Gespräch mit allen Teilnehmern bestimmten Oberbegriffen zugeordnet, evtl. gewichtet und z. T. auch wieder verworfen.
- Die einzelnen Lösungen werden diskutiert. Es werden Vereinbarungen getroffen über die Verbindlichkeit des Ergebnisses und über die weiteren Schritte.

Pinnwände gibt es im Hoch- und im Querformat, mitunter auch im Quadrat. Im Querformat ist die Arbeitsfläche einer Pinnwand etwa 150 cm breit und 120 cm hoch. Die Arbeitsflächen sind in allen Farben erhältlich, bewährt haben sich aber neutrale Töne (weiß, beige, grau), von denen sich die farbigen Papierkarten besser abheben.

Ein zwischen zwei Nadeln gespannter Faden schafft eine Hilfslinie zur leichteren Orientierung beim Pinnen; ein dicker Wollfaden dient zur räumlichen Unterteilung der Fläche.
Auf den Karten mit unterschiedlicher Farbe, Form und Größe (Karton 120 – 160 Gramm) ist eine Schriftgröße von etwa 2,5 cm (mit Ober- und Unterlängen) empfehlenswert; mehr als drei Zeilen sollten auf einer Karte nicht beschrieben werden. Die Karten werden mit Nadeln auf der Weichfaserplatte, mitunter auch mit Magneten auf einer überzogenen Metallplatte befestigt, Nadeln und Magnete können bereits vorher platziert werden. Dickere Filzstifte, Schere, Klebstoff und Klebepunkte gehören ebenfalls zur Grundausstattung, die in »Moderationskoffern« zusammengestellt sein können.
Wird als Hintergrund Packpapier in einem Stück verwendet, lassen sich die Karten nachträglich festkleben. Das Moderationsergebnis kann so unabhängig von der eventuell wieder benötigten Pinnwand dauerhaft im Raum präsentiert oder aber bequem zusammengerollt und transportiert werden.

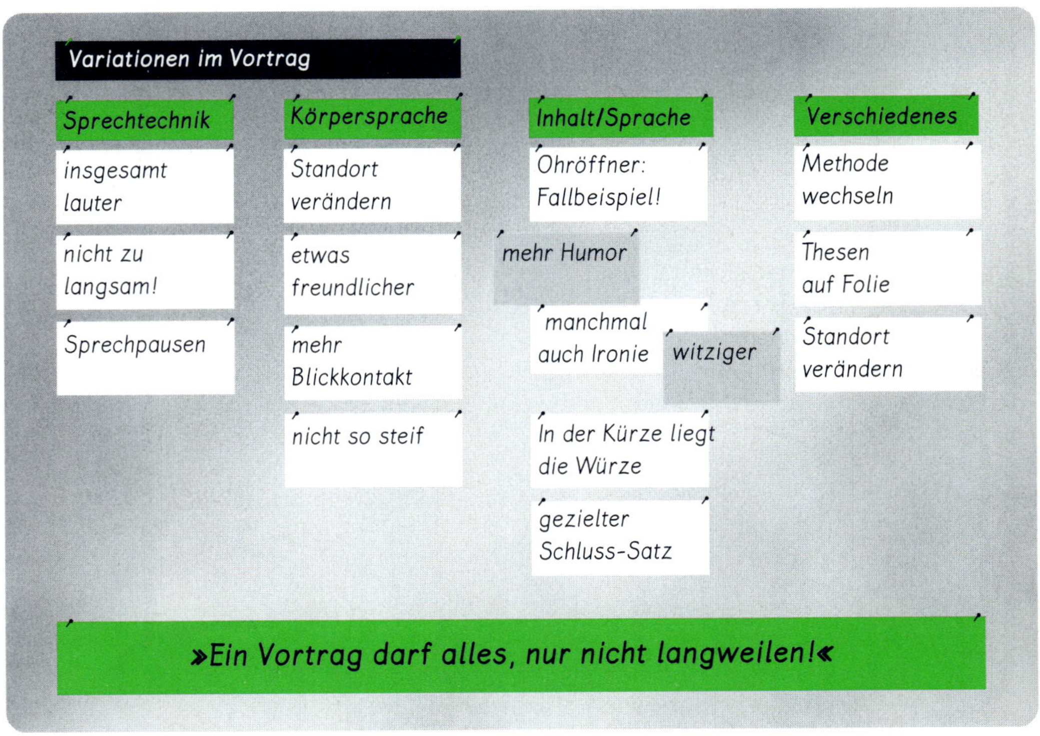

Hierzu ein konkretes Beispiel aus einem Rhetorikkurs:
Ein Teilnehmer hat sich gründlich auf ein Thema vorbereitet, wirkt beim Vortrag aber trotz der ansprechenden Thematik und wichtiger Aussagen ausgesprochen langweilig. Mit der Moderationsmethode versucht der Rhetoriklehrer nun aus dem Kurs heraus Lösungsvorschläge zu entwickeln.
Zunächst bittet er alle Teilnehmer, mit den Klebepunkten ein einzuhaltendes Zeitlimit sichtbar zu machen. Da die meisten Punkte im Bereich von 20 Minuten aufgeklebt werden, muss die Moderation konsequenterweise straff geführt werden.
Er fordert alle Teilnehmer auf, in einer kurzen Stillarbeitsphase auf den Karten Vorschläge zu machen, in welchen Bereichen man bei einer Rede variieren kann. Während die Teilnehmer über Lösungen nachdenken, schreibt er auf einer großen Karte oder direkt auf das Packpapier der Moderation: »Variationen im Vortrag«.
Die Teilnehmer kommen hintereinander an die Pinnwand, pinnen ihre Karte an und erläutern ihren Lösungsvorschlag.

Wegen des gesetzten Zeitlimits ordnet der Moderator auf Zuruf der Teilnehmer die Karten an der Wand, Doppelnennungen werden übereinander gepinnt. (Bei einem großzügigeren Zeitrahmen hätte er die Karten von einem freiwilligen Teilnehmer selbst ordnen lassen.)
Gemeinsam wird nun nach passenden Oberbegriffen gesucht; nach kurzer Diskussion werden vier Aspekte festgelegt: »Sprechtechnik«, »Körpersprache«, »Inhalt / Sprache« und »Verschiedenes« wird auf vier Karten mittlerer Größe festgehalten. Diesen vier Oberbegriffen werden nun die Lösungsvorschläge der Zuhörer zugeordnet. Als einer der Teilnehmer eine pointierte Formulierung zitiert, greift der Moderator diese auf und pinnt sie als Motto auf den unteren Rand der Pinnwand.
Die geordnete Pinnwand wird zur späteren Vervielfältigung fotografiert. (Stünde mehr Zeit zur Verfügung, so könnten alle Teilnehmer das Ergebnis abschreiben oder der Moderator könnte alle Karten auf dem Packpapier festkleben.)
Danach wird diskutiert, welche Vorschläge am sinnvollsten und am effektivsten sind. Oft genügen schon zwei, drei Variationen um einen Vortrag ansprechender zu machen. Die Teilnehmer picken sich aus der Pinnwand die Anregungen heraus, die für sie persönlich relevant sind. Bei den nächsten Vorträgen wird dieses Moderationsergebnis zur Grundlage gemacht.
Der Vorteil dieser Methode liegt auf der Hand: Da die Kriterien von allen gemeinsam erarbeitet worden sind, haben sie einen hohen Grad an Verbindlichkeit. Der kritisierte Redner selbst kann konstruktiv mit den Verbesserungsvorschlägen umgehen, denn er hat ja selbst dazu beigetragen. Von Vorteil ist es auch, dass durch dieses Vorgehen positive Aussagen formuliert werden: Dem Redner wird also nicht aufgezählt, warum sein Vortrag langweilig gewesen ist, sondern es werden – psychologisch geschickter – Vorschläge gemacht, wie alle Teilnehmer ihre Vorträge künftig interessanter gestalten können.
Wie die Beispiele zeigen, kann die ursprünglich für Besprechungen konzipierte Pinnwandtechnik auch im Rahmen eines Vortrags auf unterschiedliche Weise genutzt werden: als Visualisierung im Rahmen eines monologischen Vortrags oder als bewusster Methodenwechsel mit dem Ziel, die Zuhörer als gleichberechtigte Gesprächspartner an der Bewältigung eines Problems zu beteiligen. Erinnert sei hier an die »acht Gestaltungsprinzipien«. So sollten die – grundsätzlich ja gleichberechtigten – Teilnehmer bei der Ideensammlung grundsätzlich mit gleicher Farbe auf Kärtchen mit gleicher Farbe, Form und Größe schreiben. Und damit das Ergebnis auf der Pinnwand zwar farbig, aber nicht bunt wird, gilt für die weiteren Schritte: entweder Wechsel der Schriftfarbe oder der Kärtchenfarbe, aber möglichst nicht beides gleichzeitig in einem Zusammenhang.

Folien: Ohne Zeitverlust das Wesentliche auf den Punkt bringen

Die Projektion von Folien hat in den letzten Jahren enorm zugenommen. In vielen Bereichen stellt die Arbeit am Tageslichtprojektor immer noch die am häufigsten angewandte Präsentationstechnik dar – ganz zu Recht, bietet sie doch gegenüber dem Tafelanschrieb eine Reihe von Vorteilen:

Folien lassen sich in aller Ruhe vorbereiten. Eine gut gestaltete und gegliederte Folie gibt Sicherheit beim Sprechen und mindert die Aufregung. Der Redner braucht sich nicht mehr mit dem Schreiben aufzuhalten und kann sich ganz auf seinen Vortrag konzentrieren.

Folien sind wieder verwendbar, sie müssen nicht bei jedem Vortrag zum gleichen Thema neu erstellt werden. Wer denselben Vortrag immer wieder vor unterschiedlicher Zuhörerschaft hält, braucht seine Folien nur einmal herstellen. Da sich Folien mit Textverarbeitungsprogrammen herstellen lassen, sind sie leichter optimierbar, meist auch technisch ausgefeilter.

Umgekehrt ist aber zu bedenken: Folien verursachen nicht ganz unerhebliche Kosten – am wenigsten noch für beschreibbare Folien, mehr schon für den (einfarbigen) Laserdrucker, mehr als doppelt so viel für den Tintenstrahl-Drucker. Gewichtiger ist ein weiterer Nachteil: Da sich die Folie relativ zügig auflegen lässt, wird der Zuhörer leichter überfordert, denn die Gedanken werden ja nicht wie beim Tafelanschrieb Schritt für Schritt entwickelt. Der unmittelbare Zusammenhang von Gedanke und entsprechender Visualisierung ist nicht mehr gegeben. Dies ist vor allem dann der Fall, wenn die Folie in sich abgeschlossen ist und keinen Raum mehr lässt für Ergänzungen und Einwände. Allerdings muss das nicht so sein: Folien können natürlich auch von Hand geschrieben und aus dem Dialog mit den Zuhörern heraus entwickelt werden. Die persönliche Handschrift und eigene Skizzen verleihen der Folie eine individuelle Note, sind dann aber – nicht zuletzt wegen der Vergrößerung durch den Tageslichtprojektor – nicht ganz unproblematisch: Eine ungelenke Schrift wirkt so noch unschöner und wenn die Hand vor Aufregung vielleicht ein wenig zittert, wird auch dies vergrößert.

Werden Folien mithilfe des Computers erstellt, so genügt es nicht, das Manuskript einfach auf eine Folie zu drucken. Folien sind ja immer eine prägnante Kurzfassung des Redetextes. Und auch die Standard-Einstellung für die Schriftgröße ist für Folien nicht geeignet. Hier muss der Redner also umdenken und beispielsweise die Schriftgröße auf mindestens 16 Punkt erhöhen.

Wer mit einfachen Mitteln ansprechende Folien erstellen möchte, ist gut beraten darüber hinaus die folgenden Grundregeln zu beachten:

Das Layout sollte übersichtlich und zu einem Thema möglichst einheitlich gestaltet sein. Ein Schriftwechsel kann zur besseren Unterscheidung sinnvoll sein: serifenlose Schrift für Überschriften und Zwischenüberschriften, Serifen-Schrift für den Grundtext, evtl. eine kursive Auszeichnung oder eine gut lesbare dritte Schrift für Besonderheiten wie Zitate; alles in allem ist es nicht ratsam mehr als drei unterschiedliche Schriften auszuwählen! Auszeichnungen (fett, kursiv, unterstrichen usw.) sollten sparsam und möglichst konsequent verwendet werden; Überformatierungen sind besonders auf der Folie strikt zu vermeiden.

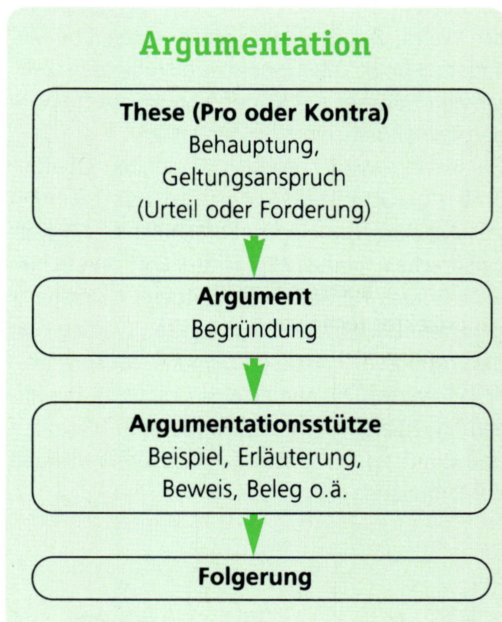

Folie zur Argumentationsstruktur

Bei der Verwendung von Rahmen und Tonwertflächen (Schattierungen) ist es zweckmäßig einen Abstand zum Text einzuhalten. Da Tonwertflächen auf dem Papier ganz anders wirken als bei der Projektion, sind diese vor dem Vortrag unbedingt auf ihre Lichtdurchlässigkeit und Farbechtheit zu überprüfen.

Wenn einzelne Wörter mit einer Bunt-Farbe geschrieben werden, dann sollten sie, um optisch mit dem kräftigeren Schwarz konkurrieren zu können, zusätzlich fett formatiert werden. Pfiffiger ist es aber in vielen Fällen, die Schrift schwarz zu belassen, dafür aber Rahmen, Gliederungssymbole oder Unterstreichungen farbig zu gestalten.

Was die Anzahl und den Umfang der während eines Vortrags eingesetzten Folien betrifft, scheiden sich die Geister. Unfug ist es sicherlich, parallel zum Redetext mechanisch Folie für Folie aufzulegen oder schlimmer noch: Folien aufzulegen und diese dann stur abzulesen oder einfach nur zu kommentieren. Folien sollten niemals zum Selbstläufer werden, die den Vortrag beherrschen. Dies kommt in der Praxis leider immer wieder vor, ist aber eine Pervertierung der Redesituation.

Manche Redner arbeiten mit Folien-Folgen, mit deren Hilfe sie kleinschrittig ihre Gedanken entwickeln. Bei diesem du-orientierten Vorgehen ergeben sich Schriftgrößen von 24 bis 48 Punkt und ein Zeilenumfang von etwa 8 bis 12 Zeilen. Andere Redner kommen dagegen mit ein bis drei Folien aus, die in diesem Fall allerdings eine größere Textmenge aufweisen dürfen: Bei einer Schriftgröße von mindestens 16 Punkt können es dann maximal 20 Zeilen sein. Aber auch hier gilt: Weniger ist (meist) mehr! Für einen zwanzigminütigen Vortrag sollte bei sinnvoller Schwerpunktsetzung in der Visualisierung eine Folie genügen!

Wer den Tageslichtprojektor funktional und gezielt einsetzt, wird ihn zwischendurch immer wieder aus- bzw. dunkelschalten und ihn ausgeschaltet lassen, wenn es nichts zu visualisieren gibt. Bei einem Wechsel der Folien sollte der Redner jede Folie zuerst kurz wirken lassen, bevor er zur nächsten überleitet.

Mit einfachen Mitteln lässt sich auch die Präsentation am Tageslicht-Projektor noch wirkungsvoller gestalten: Beim Overlay-Verfahren wird auf eine Grundfolie eine weiterführende Folie mit einem neuen Aspekt aufgelegt. (Hierzu ein Tipp: um Verschiebungen zwischen beiden Folien zu vermeiden, ersetzt der Redner die Grundfolie durch die zweite Folie, die bereits die Informationen der Grundfolie enthält). Durch sukzessives Auf- bzw. Abdecken der Folie steuert der Redner genau die Wahrnehmung seiner Zuhörer.

Handschriftliche Ergänzungen mit dem Folienstift zu vorgegebenen Stichworten sind immer möglich (technisch vereinfacht wird dies durch Drucker, die im Invers-Verfahren ausdrucken: die vorgegebenen Stichworte – Aspekte – liegen dadurch geschützt auf der Unterseite der Folie, während der Redner auf die abwischbare Ober-

Folien liegen zwar im Din-A4 Format vor, die meisten Tageslichtprojektoren sind aber in der Regel für die Maße 20 cm x 25 cm (im Hochformat) bzw. 25 cm x 20 cm (im Querformat) ausgelegt. Die Schriftgröße sollte deshalb auf dem Computer mindestens 16 Punkt betragen, bei Überschriften mindestens 24 Punkt; bei einer Grundschrift von 24 Punkt wird die Überschrift auf bis zu 36 Punkt gesetzt; werden Folien mit Hand geschrieben, muss die Schrift etwas größer ausfallen, also mindestens einen Zentimeter für jede Zeile im Text. Was den Zeilenumfang angeht, sind 20 Zeilen pro Folie die Obergrenze! Eine größere Schrift und ein geringerer Zeilenumfang sind immer besser!

Der Abstand zwischen Text und Rahmen bzw. Tonwertflächen sollte mindestens acht Punkt betragen.

Es lohnt sich, auch die Projektion über den Tageslichtprojektor technisch zu optimieren: Abstand, Projektionswinkel, Schärfe, Abdunklung, Format sollten so eingerichtet werden, dass die Projektionsfläche in vollem Umfang und bei minimaler Verzerrung und geringem Lichtverlust genutzt wird. Im Gegensatz zu computergestützten Präsentationen sollte der Hintergrund daher möglichst transparent gehalten werden.

Grundsätzlich gilt: Folien dürfen farbig sein, aber – bitte! – niemals bunt.

seite schreibt). Beim Folien-Puzzle wird die Folie auseinandergeschnitten, sodass die einzelnen Bild- oder Textelemente auf der Glasplatte verschoben und vor den Augen der Zuhörer geordnet werden können. Durch Zeige-Instrumente (gespitzter Bleistift o. Ä.) kann auf Details aufmerksam gemacht werden.

Ob der Vortragende direkt am Tageslichtprojektor (bzw. wie im Folgenden beschrieben am PC) oder an der Projektionswand steht, hängt von den Gegebenheiten ab. Entscheidend ist aber immer der Blickkontakt zum Publikum!

Computergestützte Präsentation: (Fast) frei sprechen

»Demosthenes und Cicero sind auch ohne PC ausgekommen!«
»Ja sicher, aber auch ohne Buchdruck, ohne Kugelschreiber, ohne Telefon, ohne Strom, ohne ...«

Wer diese Diskussion nicht führen mag, für den reduziert sich die Frage, ob man mithilfe des Computers Vorträge halten sollte, auf einige einfache Grundgedanken: Man muss nicht! Man muss auch nicht visualisieren. Es gibt in der Tat glänzende Vorträge, die ganz ohne jede Visualisierung auskommen, die anschaulich und verständlich allein durch die Kraft des Wortes sind. Wer aber besonders schwierige und komplexe Inhalte visualisieren möchte, kommt nicht umhin, sich über computergestützte Präsentationen vorurteilsfrei eine eigene Meinung zu bilden.

Um mit dieser aufwendigen Präsentationstechnik arbeiten zu können, müssen drei Voraussetzungen gegeben sein:

1. PC, Beamer und Projektionsfläche stehen dem Redner zur Verfügung.
2. Der Redner beherrscht das erforderliche Computer-Programm – zumindest in den Grundzügen.
3. Er hat so viel rhetorische Erfahrung, dass er diese Präsentationstechnik sinnvoll und souverän einsetzt und nur als das betrachtet, was sie ist: ein Hilfsmittel zur Visualisierung.

Sind diese Voraussetzungen gegeben, dann bieten computergestützte Präsentationen dem Redner zahlreiche Vorteile:

- Visualisierungen werden erheblich vereinfacht – sowohl bei der Herstellung als auch bei der Präsentation selbst.
- Die Präsentation kann so kleinschrittig erfolgen, dass der Zuhörer immer nur das visualisiert bekommt, was er im Augenblick für das genauere Verständnis benötigt.
- Computergestützte Präsentationen sind die ideale Plattform für alle multimedialen Anwendungen, ermöglichen also über die Visualisierung von Texten, Fotos und Grafiken hinaus auch das Abspielen von Sounddateien und Videoausschnitten.
- Computergestützte Präsentationen stellen eine besonders elegante Form des Medien-Tricks dar, die es dem Redner über längere Zeit erlaubt, scheinbar frei zu sprechen.
- Einmal abgespeichert können diese Visualisierungen immer wieder präsentiert, aber auch jederzeit verändert oder ergänzt werden.

Wie aber arbeitet man mit dieser Präsentationstechnik?
In der Vorbereitung am Computer gibt der Redner zunächst die Inhalte ein, die er visualisieren möchte. Dies ist zumeist ein Text, der die wesentlichen Aussagen prägnant auf den Punkt bringt. In diese Visualisierungen kann er auch Bilder, Grafiken, Tondateien (Reden, Musik) oder Videosequenzen einfügen. Die Eingabe ist relativ einfach, weil das Layout aus einer Vielzahl von Vorlagen ausgewählt werden kann. Damit sind die wesentlichen Formatierungen bereits vorgegeben und auch alle anderen Schritte (wie das Einfügen von Grafiken usw.) sind weitgehend automatisiert.
Während des Vortrags genügt ein Mausklick oder das Drücken der Enter-Taste und die auf dem Computer abgespeicherten Visualisierungen werden in der vorgesehenen Reihenfolge über einen Beamer an eine Projektionswand

geworfen. Arbeitet der Redner mit einer Funkmaus, so ist er räumlich nicht an den Computer gebunden, er steht frei vor seinem Publikum.
Die Projektionswand oder der Monitor seines PCs liefert ihm mit der jeweiligen Visualisierung Schritt für Schritt die Stichworte für seinen Vortrag. Mithilfe dieses Medien-Tricks kann er (fast) frei sprechen und sich voll und ganz seinen Zuhörern zuwenden. Bei Nachfragen kann der Redner problemlos die Visualisierung zurückholen, auf die sich die Nachfrage bezieht.

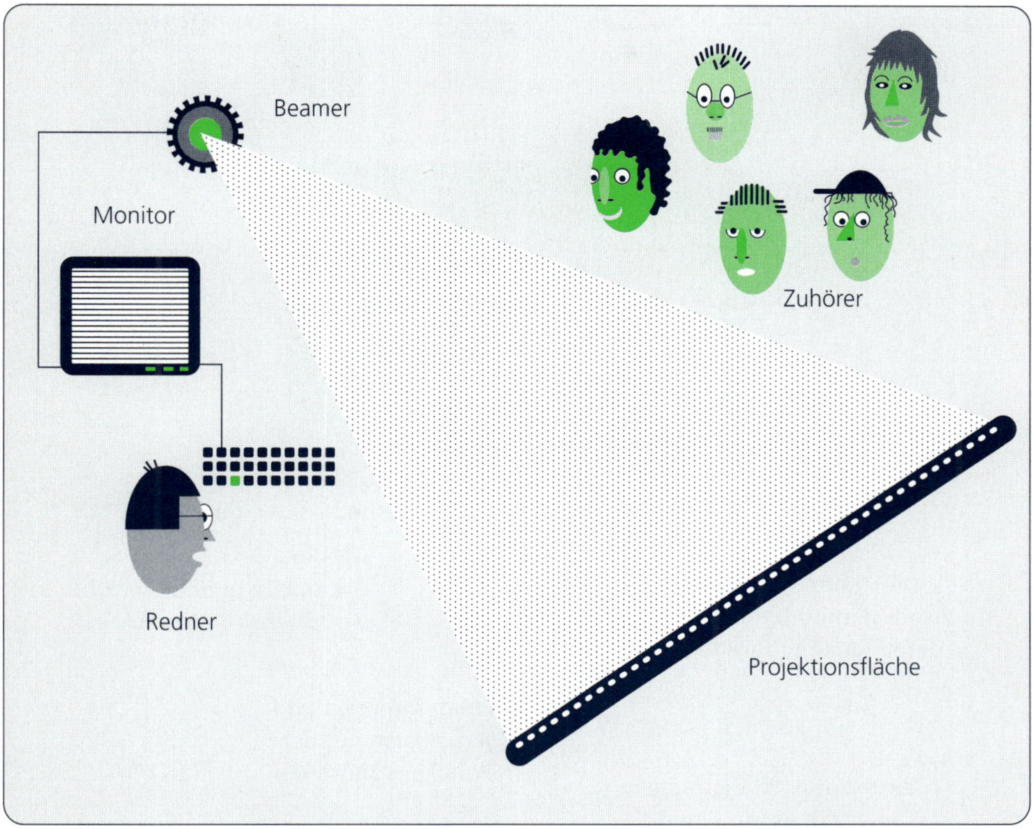

Angenehmer als die »Über-Kopf-Projektion« ist diese Anordnung, bei der der Redner auf Monitor und Projektionswand schauen und direkten Blickkontakt halten kann.

Computergestützte Präsentationen benötigen sowohl bei der Vorbereitung als auch bei der Präsentation einen PC mit der entsprechenden Software. Die bekanntesten Programme sind: PowerPoint, Freelance Graphics, Mediator und Presentations. Die Präsentation erfolgt über einen Beamer, der die Visualisierung auf eine Projektionsfläche wirft. Eine Verdunklung ist bei den besseren Beamern nicht erforderlich.
Zu den ausgewählten Layout-Vorschlägen, die individuell variiert werden können, werden bestimmte Formatierungen vorgeschlagen. Die Schriftgröße für Überschrift und Grundtext sowie der (meist dunkle) Folienhintergrund sind vorgegeben, brauchen also nicht mehr eingegeben werden. Die Schriftgröße (mind. 24 Punkt) ist auch für die Projektion in großen Räumen ausreichend. Da eine kleinschrittige Vorgehensweise empfohlen ist, sind nicht mehr als acht Zeilen vorgesehen. Die gesamte Präsentation besteht aus einer Folge von elektronischen »Folien« (Screens), die per Mausklick in einer zuvor vom Redner festgelegten Reihenfolge abgerufen werden.

Tafel | Flipchart | Pinnwand | Projektor | Computergestützte Präsentation

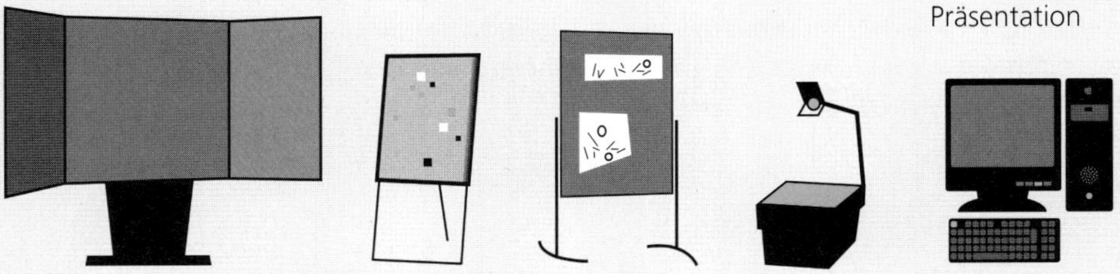

Welche Präsentationstechnik ist für welches Präsentationsziel geeignet? Ordnen Sie zu!
(Mehrfache Zuordnungen sind möglich.)

Als Medien-Trick besonders geeignet

Die Zuhörer an der Visualisierung beteiligen; deren Ideen aufgreifen

Ergebnisse dauerhaft für die Zuhörer erhalten

Ideen sammeln und gemeinsam mit dem Publikum zuordnen

Texte, Fotos, Klangdateien und Videos mit einem Medium präsentieren

Für Moderation besonders geeignet

Besonders einfach während des Vortrags zu handhaben

Ermöglicht starke Einbeziehung der Zuhörer

Die Hauptideen parallel zum Vortrag mit geringem Aufwand visualisieren

Die wichtigsten Gattungen der öffentlichen Rede

Sprechen vor anderen – in der Geschichte der Rhetorik hat dies nicht nur die unterschiedlichsten Themen und Aussagen beinhaltet, sondern auch eine Vielzahl von Formen hervorgebracht. Jede dieser Formen – oder besser: Gattungen – wirkt sich auf den Inhalt aus. Wer öffentlich beispielsweise über eine bekannte Persönlichkeit spricht, wird seinen Stoff anders auswählen und anordnen, anders werten und konsequenterweise auch anders formulieren, wenn er diese Person in einer Parlamentsdebatte kritisiert, wenn er aus historischer Distanz einen Sachvortrag hält oder wenn er am Grab dieser Person die Traueransprache hält. Wenn also die jeweilige Gattung einen solchen Einfluss auf die Rede hat, muss sich der Redner die Eigenart des Redeanlasses und der Situation bewusst machen. Denn was für die eine Gattung gilt, ist für die andere möglicherweise völlig verfehlt.

In der Antike unterschied man zunächst nur drei Redegattungen: die Gerichtsrede, die politische Rede und die Festrede. Mit der ersten Gattung beginnt die Geschichte der Rhetorik. Die Sizilianer Korax und Teisias – so die Überlieferung – hatten sich als Erste im 5. Jahrhundert v. Chr. theoretisch mit der Überzeugungskraft der Rede beschäftigt. Nach der Abschaffung der Tyrannei auf Sizilien waren private Rechtsstreitigkeiten wieder vor Gericht zugelassen worden, was eine Flut von Prozessen nach sich zog. Sowohl die Ankläger als auch die Verteidiger benötigten Anleitungen um die Sache ihrer Klienten überzeugend vor dem Richter zu vertreten. Somit entstand aus der Beschäftigung mit der Gerichtsrede die Rhetorik als Wissenschaft. Da Sizilien von den Griechen kolonisiert war, gelangte die junge Wissenschaft rasch nach Griechenland, wo sie mit Rednern wie Demosthenes und Perikles sowie mit Aristoteles als Theoretiker eine erste Blüte erlebte. Im Gegensatz zu heute waren Gerichtsreden in der Antike durchweg Reden vor großem Publikum. Da umgekehrt auch in der politischen Rede Menschen und Sachen angeklagt und verteidigt werden, ist der Übergang zwischen den beiden Gattungen fließend.

Von den antiken Redegattungen ist uns die politische Rede – oder allgemeiner: die Meinungs- und Überzeugungsrede – heute am vertrautesten. Sie war entweder Beratungsrede vor einer politischen Institution (z. B. dem Senat) oder Rede an das Volk (z. B. in der Volksversammlung oder vor den Soldaten). Diese unterschiedlichen Funktionen spiegeln sich noch heute in der Unterscheidung zwischen Parlamentsreden einerseits und Parteitags- oder Wahlkampfreden andererseits wider. Aber auch im Alltag ist die Meinungs- und Überzeugungsrede heute fest verankert: Argumentiert wird zumeist, weil man seine Meinung durchsetzen und andere überzeugen möchte. Deshalb wird sie auch als die »Königin der Redegattungen« bezeichnet.

Die Festrede als dritte Hauptgattung unterscheidet sich grundsätzlich von der gerichtlichen und der politischen Rede. Ihr geht es primär weder um ein Schuldig oder Nicht-Schuldig noch um ein Pro- oder Kontra. Vielmehr behandelt sie etwas, das nicht zur Diskussion steht. Bei einer Glückwunsch-, einer Empfangs- oder gar einer Trauerrede stehen die Tatsachen fest. Es kommt daher vor allem darauf an, wie der Redner die Person oder den Sachverhalt darstellt.

Mit der Christianisierung entwickelte sich in der Spätantike und dann vor allem im Mittelalter die Predigt zu einer eigenständigen Redegattung.

Nach Matthäus hatte Jesus seine Jünger aufgerufen: »Darum geht zu allen Völkern, und macht alle Menschen zu meinen Jüngern; tauft sie auf den Namen des Vaters, des Sohnes und des Heiligen Geistes, und lehrt sie, alles zu befolgen, was ich euch geboten habe.« (Mt, 28, 19 f.). Es ging nun also darum, das Wort Gottes zu verkünden. Theoretisch fundiert wurde die Predigt als eigene Gattung von Augustinus (354 – 430) und Papst Gregor dem Großen (540 – 604). In der frühen Neuzeit hielten Mar-

tin Luther und Thomas Müntzer Predigten, die weit über den kirchlichen Bereich hinaus Beachtung fanden. Durch die Reformation hat sich die Predigtlehre zwar stark zwischen den beiden Konfessionen differenziert, immer aber geht es bei der Predigt um die Verkündigung von Gottes Wort durch Auslegung einer Bibelstelle mit konkretem Bezug zum Leben des Gläubigen. In der Neuzeit, besonders aber in Schule, Studium und Ausbildung, ist als fünfte Redegattung der Sachvortrag hinzugekommen. Seine Wurzeln hat er in den antiken Philosophenschulen, in denen die akademischen Lehrer grundsätzlich frei sprachen, und in der »Vorlesung« der spätmittelalterlichen Universität. In der modernen Wissens- und Informationsgesellschaft ist der Sachvortrag in allen Bildungseinrichtungen so wie in Politik, Verwaltung und Wirtschaft zu Hause. Der Begriff »Referat« ist im Grunde gleichbedeutend, was in dem einen Bereich Referat genannt wird, ist in dem anderen der Sachvortrag.
Aus der Geschichte der Rhetorik ergeben sich somit fünf Hauptgattungen der öffentlichen Rede:

- **die Gerichtsrede**
- **die (politische) Meinungsrede**
- **die Festrede**
- **die Predigt und**
- **der Sachvortrag.**

In der Praxis lassen sich diese Gattungen nicht immer streng voneinander trennen. So können Sachvorträge durchaus in einem politischen Appell enden oder politische Reden Elemente aus Sachvorträgen oder auch aus Predigten übernehmen. Entscheidend ist, welche Schwerpunkte der Redner dabei setzt. Ein Beispiel von vielen mag dies beleuchten: Der SPD-Politiker Oskar Lafontaine hat 1995 auf einem Parteitag in einer schwungvollen Rede die Delegierten so von seinem »Politikentwürfen« überzeugt, dass er, was zunächst gar nicht vorgesehen war, zum Parteivorsitzenden gewählt wurde. In seinem Schluss-Satz hatte er den Delegierten zugerufen: »Ihr seht also, liebe Genossinnen und Genossen, (...) es gibt noch Politikentwürfe, für die wir uns begeistern können. Wenn wir selbst begeistert sind, können wir auch andere begeistern. In diesem Sinne: Glück auf!« Damit hat er lediglich einen Gedanken aufgegriffen, den schon Augustinus mit Blick auf die Predigt in der Spätantike formuliert hatte: »In dir muss brennen, was du in anderen entzünden willst.«

In den letzten Jahrzehnten haben sich – auch unter dem Einfluss der Medien – weitere Untergattungen und Redeformen herauskristallisiert. Diejenigen Redegattungen, die besonders für jüngere Rednerinnen und Redner von Bedeutung sind, werden nun in den folgenden Unterkapiteln isoliert betrachtet und erläutert. Diese Ausführungen sollten Sie immer dann zu Rate ziehen, wenn Sie eine dieser Redegattungen vorbereiten.

Dabei ist stets etwas Grundsätzliches zu bedenken: Bereits in der antiken Rhetorik sprach man von drei Aufgaben, die eine Rede – bei je unterschiedlicher Schwerpunktsetzung – zu erfüllen hat und die man im Lateinischen mit der Wendung »docere – delectare – movere« bezeichnete. Das heißt, eine Rede soll über den Sachverhalt informieren (docere), dabei so vorgetragen werden, dass die Zuhörer die Rede genießen können (delectare) und von ihr zu einer neuen Einsicht oder zu einem konkreten Handeln bewegt werden (movere). Dabei spielt die Beziehung zwischen Redner und Zuhörer eine entscheidende Rolle. In einigen Fällen wird dieser Beziehung besondere Aufmerksamkeit geschenkt, beispielsweise dann, wenn der Redner sich um einen echten Dialog mit seinen Zuhörern bemüht, sich – vor allem in Diskussionen und Besprechungen – um Vermittlung und Ausgleich (Moderation) zwischen unterschiedlichen Positionen bemüht oder seine Leitungsfunktion im Gespräch wahrnimmt. Somit lassen sich vier Grundfunktionen des Sprechens unterscheiden:

- **Informieren**
- **Unterhalten**
- **Motivieren**
- **Moderieren (Beziehungen herstellen, leiten)**

Erfolgreiche Redebeiträge zeichnen sich vor allem dadurch aus, dass sie mehrere dieser Grundfunktionen bewusst miteinander verknüpfen.

Sammeln Sie aus Lexikonartikeln, Geschichtsbüchern, Zeitschriften oder aus dem Internet Informationen zu einer Politikerin bzw. einem Politiker, der Sie persönlich interessiert.

Notieren Sie auf zwei unterschiedlichen Zetteln Gedanken und Formulierungen, die Sie

- als politischer Gegner bei einer Debatte,
- als Freund oder Verehrer anlässlich eines Ehrentages (Geburtstag, Preisverleihung o. Ä.)

verwenden würden.

Halten Sie diese beiden Redebeiträge. Da es sich nur um eine Übung handelt, dürfen Sie ruhig übertreiben!

Überlegen Sie abschließend: Wie würde ein Sachvortrag über die gleiche Person ausfallen? In welchen Eigenschaften unterscheiden sich die drei Redegattungen?

Sachlich ja, aber bitte niemals langweilig: Sachvortrag und Referat

Beginnen wir mit einer kurzen Bestandsaufnahme:

- Wie oft hatten Sie in Ihrer Schulzeit (bisher) Gelegenheit Referate zu halten? Waren Sie mit Ihren eigenen Referaten zufrieden? Haben Sie von Lehrern und Mitschülern positive Rückmeldungen erhalten?
- Wie häufig haben Sie Referate Ihrer Mitschüler angehört? Waren die gehörten Referate für den Unterricht ergiebig, haben Sie als Mitschüler(in) davon profitieren können?
- Haben Sie in der Schule gelernt, wie man ansprechende und ergiebige Referate vorbereitet und wie man sie hält? Wurde ausreichend geübt? Wurden die Referate nachträglich besprochen, damit Sie aus Fehlern lernen und ihre Referatstechnik verbessern konnten?

Wenn Sie aufgrund Ihrer Erfahrungen der Ansicht sind, dass Sie selbst gute Referate halten, dann blättern Sie ruhig zum nächsten Unterkapitel weiter! Wenn nicht, werden Sie hier nützliche Anregungen für interessante Sachvorträge erhalten und lernen, die häufigsten Fehler beim Halten von Referaten zu vermeiden.

Zunächst etwas Grundsätzliches: Referat und Sachvortrag bezeichnen jene Redegattung, bei der nämlich möglichst sachlich über ein Thema berichtet – lateinisch: referiert – wird. In unserer modernen Welt kann niemand über alles Bescheid wissen. Aber jeder kann sich in einem fest umrissenen Gebiet sachkundig machen und andere über die wesentlichen Dinge informieren. Referate dienen also dem Informationsaustausch in einer arbeitsteiligen Welt. Was dem Referenten einiges an Mühe abverlangt, ist den Zuhörern von Nutzen.

Da die Informationen über die meisten Themen aber nahezu unerschöpflich, das Aufnahmevermögen der Zuhörer im Vergleich dazu aber sehr begrenzt ist, muss der Redner (fast) immer eine Auswahl treffen – und zwar im Hinblick auf seine Zuhörer: Was können sie verstehen? Was wollen sie wissen? Und: Was müssen sie im Rahmen des Unterrichts, des Studiums oder der Ausbildung wissen? Indem sich der Referent die Voraussetzungen und Interessen seiner Zuhörer bewusst macht und danach das Ziel seines Vortrags festlegt, wird sein Referat für die Zuhörer wirklich ergiebig. Wer sein Referat nicht im Spannungsfeld zwischen du- und sachorientiertem Sprechen (vgl. das Dreieck der Rhetorik, Seite 10) hält, läuft Gefahr an den Zuhörern vorbeizusprechen.

Wenn über schwierige und komplexe Sachverhalte referiert wird, so heißt das natürlich nicht, dass diese auch schwierig und komplex dargestellt werden müssen. Ganz im Gegenteil: Diese sollten so weit vereinfacht werden, dass möglichst alle Zuhörer sie verstehen können. Die Vereinfachung des referierten Stoffs durch gezielte Auswahl, durch verständliche Formulierungen und durch Veranschaulichung ist für den Referenten eine besondere Herausforderung.

Ein gutes Referat setzt zunächst voraus, dass sich der Referent gründlich vorbereitet hat. Cicero (vgl. Exkurs, S. 83 f.) hat das in aller Strenge auf die Formel gebracht: »(Denn) aus dem Wissen um die Sache muss die Rede in Glanz und Fülle des Ausdrucks erwachsen. Hat der Redner die Sache nicht gründlich erfasst und erkannt, so bietet sein Vortrag nur ein leeres und beinahe kindisches Geschwätz.«

Die Erarbeitung beginnt sinnvollerweise mit der Materialbeschaffung (vgl. Kapitel 2). Hierbei bieten die Grundsätze »Vom Naheliegenden zur Ferne« bzw. »Vom Allgemeinen zum Speziellen« eine wichtige Leitschnur. Zunächst sollten die Informationsquellen genutzt werden, die greifbar oder leicht erreichbar sind. Bei einem Referat in der Schule kann dies zunächst das im Unterricht verwendete Schulbuch sein, an der Universität das Standardwerk zum Thema. Diese Informationen müssen natürlich ergänzt oder vertieft werden. In den großen Bibliotheken wie in der Schul- oder Stadtbücherei stehen enzyklopädische Lexika und Fachlexika in der Regel im Präsenzbestand, sind also jederzeit greifbar. Weiterführende Literatur kann ausgeliehen werden, allerdings auch von anderen Interessenten, sodass nicht jedes Buch immer erhältlich ist. Seltene oder speziellere Literatur kann über Fernleihe bestellt werden. Hier wie bei bereits entliehenen Büchern sind beträchtliche Wartezeiten einzukalkulieren.
Besonders arbeitsökonomisch ist die Informationssuche mit einem elektronischen Lexikon auf CD-Rom. Die Querverweise des gedruckten Lexikons können als Link durch Mausklick aufgerufen, kopiert, mit einem Textverarbeitungsprogramm gekürzt oder ergänzt und ausgedruckt werden. Auch das Internet ist eine wichtige Informationsquelle. Wer gelernt hat, mit Suchmaschinen zu arbeiten, findet oft erstaunlich rasch wichtige und zumeist auch aktuelle Informationen. Aber auch bei den elektronischen Quellen gilt, was bei der Arbeit mit Druckwerken selbstverständlich ist: Sie müssen als Zitat erkennbar und nachprüfbar sein! Artikel aus Zeitungen und Zeitschriften beleuchten oft interessante oder gar originelle Einzelaspekte, sollten aber erst verwendet werden, nachdem die Basisfakten sorgfältig erarbeitet sind.
So unterschiedlich diese Materialien, so unterschiedlich ist auch ihr Informationswert. Daher ist es wichtig, das Material auch zu bewerten und zu gewichten. Das Buch eines renommierten Verlags mit genauen Zitatbelegen ist als Informationsquelle vertrauenswürdiger als die Angaben auf einer privaten Homepage. Ein Lexikonartikel hat einen höheren Faktenwert als der Leitartikel einer Zeitung. Das Vorlesungsskript eines Universitätsdozenten dürfte zuverlässiger sein als die Mitschrift eines Studenten.

Nachdem man sich einen groben Überblick über das zur Verfügung stehende Material verschafft hat, geht es an die genaue Formulierung des Themas. Meist wird ein Thema durch einen Aspekt bzw. eine Fragestellung (vgl. S. 19) konkretisiert. »Albert Einstein« – um ein Beispiel zu nennen – wäre ein viel zu weites Thema; sinnvolle Referatsthemen ergeben sich erst durch Beziehungen und Eingrenzungen:

- Wie Einstein die Relativitätstheorie entwickelte
- Einstein als Befürworter und Gegner der Atombombe
- Das Weltbild Albert Einsteins
- Einstein und die Deutschen
- Einstein und die Verantwortung der Physik

An dieser Stelle sei nochmals an die drei Fragen erinnert: Was können die Zuhörer verstehen? Was wollen sie wissen? Und was müssen sie wissen? In der Schule empfiehlt es sich, dies mit dem Lehrer zu besprechen und möglichst immer einen Zusammenhang zum Unterricht herzustellen. Nicht anders an der Universität und anderen Bildungseinrichtungen: Hier bedarf es sorgfältiger Absprachen, was die inhaltliche Eingrenzung, den Bezug zu weiteren Referaten, das Lernziel und das Verteilen von schriftlichen Materialien angeht. Auch ein Zeitrahmen ist sinnvollerweise zu vereinbaren – und einzuhalten! Von den Fragen aus wird das Thema präzisiert und aus den zur Verfügung stehenden Quellen das Material für das Referat ausgewählt. Bewährt hat sich in diesem Vorbereitungsstadium die Arbeit mit Karteikarten. Aus den einzelnen Infor-

Wie sollten Zitate sein?

Prinzipiell sollten Zitate als Teile einer Rede

- **treffend** (auf einen wesentlichen Aspekt beschränkt, nicht zu lang) und
- **hörerfreundlich** (verständlich, anschaulich, nachvollziehbar) sein.

Hinsichtlich der formalen Angaben gilt, dass Zitate in schriftlichen Texten

- **genau** (Kürzungen sind erlaubt, sollten aber deutlich gemacht werden),
- **wahr** (nicht verfälscht oder aus dem Zusammenhang gerissen) und
- **als Zitat erkennbar und nachprüfbar** (Anführungszeichen, Beleg) sein müssen.

So redlich oder wirkungsvoll das Zitieren in Vorträgen auch sein mag, so hat es doch im Vergleich zu schriftlichen Arbeiten seine Tücken: Anführungszeichen kann der Zuhörer nicht hören und Belege kann er nur schwer überprüfen. Daher ist zu beachten:
Statt der Anführungszeichen haben sich Hinweise wie »Ich zitiere!« und »Ende des Zitats« durchgesetzt. Unterstützt werden kann dies durch eine entsprechende Pausentechnik oder durch eine etwas von der normalen Sprechweise abgesetzte Stimmführung. Oft lächerlich und deshalb zu vermeiden sind die Bezeichnung »Gänsefüßchen« oder das In-die-Luft-Malen der Anführungszeichen.
Da vollständige Literatur-Belege den Redefluss blockieren und leicht der Aussage die Wirkung rauben, kann hier anders verfahren werden als in schriftlichen Arbeiten. Allenfalls der Autor und das Werk, aus dem das Zitat entnommen wurde, werden genannt. Genauere Angaben wie Seitenzahl, Verlag usw. werden dem Zuhörer erspart: Wer Zweifel an der Richtigkeit des Zitats oder Interesse an den bibliografischen Angaben hat, kann ja nachfragen. Für solche Nachfragen sollte der Referent zur Sicherheit die entsprechenden Angaben im Manuskript oder auf der Rückseite seiner Kärtchen vermerkt haben. Zur Glaubwürdigkeit des Redners gehört der gewissenhafte Umgang mit Zitaten. Umgekehrt sollten sich die Zuhörer nie scheuen Zitate auch zu überprüfen, wenn Zweifel an deren Richtigkeit berechtigt erscheinen.

mationsquellen werden die wichtigsten Fakten in Stichworten auf Karteikarten herausgeschrieben. Durch das Exzerpieren in Stichworten wird der Stil der Quellen durchbrochen und der Inhalt zumeist auch vereinfacht dargestellt.
Wenn alle Fakten auf Karteikarten vorliegen, beginnt mit der Gliederung der interessanteste, der eigentlich rhetorische Teil der Vorbereitung. Der Referent sortiert sein Material weniger in chronologischer oder sachlogischer Reihenfolge, sondern immer im Hinblick auf die Zuhörer: Nicht was sich von der Sache her anbietet, kommt an die erste Stelle, sondern was sich als »Ohröffner« für die Zuhörer eignet. Die weiteren Fakten werden nach dem Prinzip »Vom bekannten Alten zum unbekannten Neuen« geordnet. Die Gliederung zielt darauf, den Zuhörer dort abzuholen, wo er mit seinen Kenntnissen und Erfahrungen steht, und ihn dorthin zu führen, wo er nach dem Referat mit neuen Erkenntnissen und Einsichten stehen soll. Bei neuen Wissensinhalten sollte veranschaulicht, vertieft oder visualisiert werden. Bei vielen neuen Fakten oder Schlussfolgerungen ist es zweckmäßig zu wiederholen und zusammenzufassen, nicht der Sache wegen, sondern immer im Hinblick auf die Aufnahmefähigkeit der Zuhörer. Denn bei aller Orientierung an der Sache gilt auch im Referat, was der polnische Schriftsteller Stanislaw Jerzy Lec in einem bekannten Wortspiel zum Ausdruck bringt: **»Es genügt nicht, dass man zur Sache spricht: Man muss zu den Menschen sprechen.«**
Erst wenn das gesamte Referat gegliedert ist, macht sich der Referent an das Ausformulieren. Dies hängt im Einzelnen von der gewählten Vortragsmethode ab; immer aber ist Verständlichkeit oberstes Gebot. Besonders geeignet ist die Methode »Halb-Halb« oder die Kärtchen-Methode (vgl. S. 33 f.). Wer schon beim Exzerpieren die Vortragsmethode bedacht hat, kann unter Umständen einen Teil der Karteikarten wieder

verwenden, eine gewisse Anzahl wird aber wohl neu geschrieben werden müssen.
Je länger das Referat wird, desto empfehlenswerter sind die folgenden Kunstgriffe, um die Aufmerksamkeit der Zuhörer möglichst während des ganzen Vortrags zu erhalten:

- In der Einleitung hat sich das Versprechen bewährt, sich auf das Wesentliche zu konzentrieren und/oder auf die Interessen und Fragestellungen der Zuhörer eigens einzugehen. Auch eine »Vorschau« auf einen besonders ansprechenden Aspekt kann diese Wirkung unterstützen.
- Die Zuhörer lassen sich direkt ansprechen durch Anreden, rhetorische Fragen sowie Beispiele, Problemstellungen oder Vergleiche, die aus ihrem eigenen Erfahrungsbereich stammen.
- Der »rote Faden« wird für Zuhörer, die gedanklich abgeschweift sind, wieder deutlich, wenn der Referent im Verlauf seines Vortrags immer wieder seine Gliederung (»Ich komme nun zum letzten Teil meines Referats, den Folgen und Nachwirkungen ...«) und Gelenkstellen (»Machen wir uns diesen Vorgang an einem Beispiel bewusst.«) transparent macht.
- Bei jedem Methodenwechsel, bei jedem Wechsel im Stil und in der Darstellungsform steigt die Aufmerksamkeit der Zuhörer. Im Rahmen eines sachlichen Vortrags sind auch kürzere unterhaltsame Abschweifungen, ironische oder sogar polemische Redeweisen legitim – solange sie den sachlichen Charakter des Referats nicht überlagern!
- Zuhörer, die in Gedanken bereits abgeschweift sind, lassen sich mitunter wieder zum Thema zurückführen, wenn wichtige (Zwischen-)Ergebnisse oder Thesen zusammengefasst werden.

Wenn das Referat inhaltlich steht, stellt sich die Frage, welche Medien eingesetzt werden sollen (vgl. Kap. 4). Unabhängig von der Präsentationsform sollte den Zuhörern klar gemacht werden, welche Funktion die Visualisierungen haben: Dienen Sie nur zur Illustration? Oder zur Vertiefung? Oder zur Veranschaulichung? Zur Zusammenfassung oder zur Wiederholung? Sollen sie nur zur Kenntnis genommen oder auch mitgeschrieben werden?
Dass der Referent beim Sachvortrag Blickkontakt hält und möglichst frei spricht, braucht hier nicht weiter ausgeführt zu werden. Einem informativen Referat, dem die Zuhörer auch mit einem gewissen Genuss folgen, steht nun eigentlich nichts mehr im Wege.

Zum Abschluss seien die häufigsten Fehler und ihre Folgen aufgeführt, die bei Referaten unbedingt vermieden werden sollten:

- Der Referent macht sich nicht bewusst, wie viel Zeit und Mühe es ihn gekostet hat, sich den Stoff zu erarbeiten. Was er in vielen Stunden mühsam selbst gelernt hat, will er nun in 20 oder 30 Minuten seinem Auditorium vermitteln. Folge: Er geht nicht von den Voraussetzungen der Zuhörer aus und überfordert sie damit.
- Der Referent will zeigen, was er alles weiß und kann. Folge: Durch diese Ich-Orientierung spricht er zu lange und überfordert auch damit seine Zuhörer.
- Der Referent macht sich nicht die Mühe, wichtige und vor allem komplizierte Inhalte zu visualisieren. Folge: Auf das bloße Zuhören angewiesen, bleibt die Wahrnehmung einseitig, ein optimales Verstehen wird so verhindert.
- Der Referent spricht mehr als 20 Minuten ohne einen Methodenwechsel einzuplanen. Folge: Die Zuhörer schweifen gedanklich ab und beginnen sich zu langweilen.
- Der Referent hat keine du-orientierten Schwerpunkte gesetzt, er hat also nicht die Aspekte des Themas herausgestellt, die für die Zuhörer von besonderem Interesse sind. Folge: Die Zuhörer erkennen nicht, warum der Vortrag für sie wichtig und interessant sein könnte.
- Der Referent hat zwar sorgfältig formuliert, vor dem eigentlichen Vortrag aber nicht geübt. Folge: Ihm ist weder eine Zeitkontrolle noch ein flüssiger, sinnbetonter Vortrag möglich.
- Da das Referat auch in schriftlicher Form vorgelegt werden muss, liest der Referent aus

arbeitsökonomischen Gründen einfach aus der schriftlichen Arbeit vor. Folge: Da der Stil der geschriebenen Sprache für das Zuhören weniger geeignet ist, wird der Zuhörer weniger verstehen als bei einem Referat im Stil der gesprochenen Sprache. Nach wie vor gilt deshalb das bekannte Wortspiel, dass eine Rede »keine Schreibe« sein solle.

Die Meinungsrede

Diese Redegattung zielt direkt auf die Motivation und die Überzeugung des Zuhörers. Von daher gilt sie als die »Königin der Redegattungen«. Denn sie will motivieren zu etwas, wozu zunächst noch keine Bereitschaft besteht, sie will von etwas überzeugen, wovon der Zuhörer zunächst noch nicht überzeugt ist. Ohne zu manipulieren will sie das Urteil oder die Forderungen eines Menschen beeinflussen: Sein Bewusstsein zu ändern und den Hörer dennoch ernst zu nehmen – diese Haltung zeichnet die gute Meinungsrede aus.

Bevor man die eigene Rede ausarbeitet, sollte man sich sorgfältig mit den Positionen der Gegenseite, mit der Haltung der Zuhörer und mit der eigenen Position auseinandersetzen:

- Welche Meinung vertritt die Gegenseite? Wie lautet seine These ?
- Wie ist ihre Argumentation? Welche Argumente sind so schwach, dass sie sich leicht widerlegen lassen? Welche Argumente lassen sich relativieren, also abschwächen oder in ihrer Bedeutung mindern? Welche Argumente sind populistisch, müssen also besonders sorgfältig widerlegt werden?
- Welche Argumente der Gegenseite sind so gut, dass man sie ernst nehmen oder sogar anerkennen muss? Welche Grundhaltungen und Werte der Gegenseite lassen sich auch für die eigene Sache nutzen?
- Welche Haltung herrscht bei den Zuhörern bisher vor? Tendieren Sie eher zur Gegenseite oder zur eigenen Position?
- Für welche Argumente sind meine Zuhörer besonders empfänglich? Wovon lassen sich die Zuhörer am ehesten überzeugen?
- Zu welcher veränderten Denkweise oder Handlung möchte ich meine Zuhörer bewegen?
- Warum möchte ich diese Rede halten? Was sind meine inneren Motive? Welche Rolle oder Verantwortung drängt mich zu dieser Rede? Ist die Situation stimmig oder sollte ich auf eine günstigere Gelegenheit, einen passenderen Anlass warten? Welche Rededauer, welcher Redestil ist angemessen?
- Was ist meine zentrale Botschaft? Wie lautet meine These genau? Sind meine Forderungen legitim und durchsetzbar?
- Wie ist meine Argumentation? Welche Argumente sind treffend? Mit welchen Argumenten mache ich mich angreifbar?

Nach der Klärung dieser Fragen geht es an die eigene Argumentation: Zunächst muss die eigenen These genau formuliert und der Gegensatz zur Antithese deutlich gemacht werden. Dann ruft man sich die bereits bekannten und bewährten Argumente in Erinnerung. Da diese bisher aber die Gegenseite noch nicht überzeugt haben, müssen zusätzlich neue Argumente oder solche, die bisher nicht ausreichend bedacht wurden, gefunden werden. Danach sollte der Redner auf einem leeren Blatt die Argumente der Gegenseite den eigenen gegenüberstellen. Das Beispiel auf Seite 82 stellt Argumente gegenüber, die in einer Pro-Kontra-Diskussion zum Thema »Verbot von Kampfhunden in Deutschland« eine Rolle spielen könnten:

a

- Überprüfen Sie die Stichhaltigkeit der einzelnen Argumente. Ergänzen Sie die Gegenüberstellung mit weiteren Argumenten, die Ihnen für die beiden Seiten plausibel erscheinen.
- Entscheiden Sie sich für einen der beiden Standpunkte. Erstellen Sie eine Gliederung zu einer kurzen Meinungsrede vor Bürgern einer Stadt, in der kurz zuvor eine Joggerin von

einem Kampfhund angefallen und schwer verletzt worden ist.

- Überprüfen Sie aufgrund der Gegenüberstellung Ihre konkreten Forderungen. Unter Umständen müssen Sie diese in Anbetracht der gegnerischen Argumentation einschränken oder teilweise zurücknehmen.
- Formulieren Sie einen gezielten Schluss-Satz zu Ihrer Meinungsrede.

Sollen Kampfhunde verboten werden?

Kontra (gegen Verbot) **Kampfhunde sind nicht so gefährlich, dass sie verboten werden müssen.**	Pro (für Verbot) **Kampfhunde sind so gefährlich, dass sie verboten werden müssen.**
In einer freiheitlich-demokratischen Gesellschaft darf jeder Bürger selbst entscheiden, welche Hunde er halten möchte.	Zur Freiheit des Menschen gehört es, keine Angst vor Kampfhunden haben zu müssen.
Man darf aufgrund einzelner Vorkommnisse nicht verallgemeinern: Wegen einiger spektakulärer Sonderfälle dürfen nicht ganze Hunderassen verboten werden.	Die Vorkommnisse haben gezeigt, dass zu viele Kampfhundbesitzer nicht verantwortungsvoll mit ihren Hunden umgehen.
Die Hunde dürfen nicht für die Fehler ihrer Halter bestraft werden.	Es geht nicht um Bestrafen, sondern darum, die Gesellschaft vor Kampfhunden zu schützen.
Es kommen mehr Menschen durch illegalen Waffenbesitz um als durch Kampfhunde. Erst sollen alle illegalen Waffen beschlagnahmt werden.	Illegaler Waffenbesitz und der Besitz von Kampfhunden muss gleichermaßen bekämpft und in letzter Konsequenz verboten werden.
Das Verbot von Kampfhunden entspricht nicht der realen Gefährdung: Es werden mehr Menschen von Mischlingen gebissen als von reinrassigen Kampfhunden.	Die Biss-Statistik ist irreführend: Sie berücksichtigt weder quantitativ den Anteil von Mischlingen und Kampfhunden noch qualitativ die Schwere der Bissverletzungen.
Das Problem ist von den Medien hochgespielt und von populistischen Politikern missbraucht worden.	Alle Fälle haben sich nachweislich ereignet. Es ist gut, dass die Medien dies aufgegriffen haben und die Politiker endlich reagieren.
Man muss auch bedenken, dass Hunde oft von Menschen zum Beißen provoziert werden, indem beispielsweise das Revier des Hundes verletzt wird.	Es gibt Fälle, in denen Kampfhunde ohne Verschulden der menschlichen Opfer zugebissen haben: einen Erstklässler auf dem Schulhof oder Jogger in öffentlichen Parks.
Im Tierschutzgesetz ist die artgerechte Haltung von Tieren vorgeschrieben. Das Anlegen von Maulkörben ist nicht artgerecht.	Das Recht der Menschen auf körperliche Unversehrtheit muss über jedem Tierschutzgesetz stehen.

Zur Vorbereitung der Meinungsrede und zur Argumentation ist in den Kapiteln zwei und drei das Wesentliche gesagt. Im Gegensatz zum Sachvortrag liegt der Schwerpunkt hier nicht auf der Vermittlung von Fakten, sondern in deren Bewertung und der Ausrichtung auf das Redeziel: Was will der Redner beim Zuhörer bewegen und verändern?

Bei Meinungsreden muss zwar die Kontroverse herausgearbeitet und die gegnerische Argumentation widerlegt oder zumindest relativiert werden. Unklug wäre es aber, das Redeziel zu verbissen, zu fanatisch oder gar ideologieblind zu verfolgen.

Anstrebenswert ist eine gute Balance zwischen Engagement in der Auseinandersetzung um die Sache und Gelassenheit in der persönlichen Haltung. Schwächen in der Argumentation der Gegenseite müssen aufgedeckt werden, auch der Gegner selbst darf angegriffen und entlarvt werden, wenn er etwa in seinem eigenen Verhalten grob unglaubwürdig ist. Zu überlegen ist aber immer, ob eine versöhnliche und kooperative, faire Weise nicht Erfolg versprechender ist. Es geht ja weniger darum, den Gegner schlecht zu machen, als vielmehr die meist große Zahl der Unentschlossenen oder noch nicht fest Entschiedenen vom eigenen Standpunkt zu überzeugen. Daher spielt auch der gezielte Schluss-Satz bei der Meinungsrede eine besondere Rolle: Er fasst die zentrale Botschaft nochmals zusammen und sorgt für einen schwungvollen, im besten Fall sogar Begeisterung auslösenden Schluss. Der Applaus darf dann als Zustimmung für die gesamte Rede gewertet werden.

Zur argumentativen Redlichkeit

Was aber ist zu tun, wenn sich bei der Vorbereitung herausstellte, dass die gegnerische Argumentation vermutlich stärker, dass bereits die These der Gegenseite berechtigter und überzeugender ist? In dem Bewusstsein, dass die eigenen Argumente schwächer sind, wird im Alltag dann häufig laviert und taktiert. Mit hohlem Pathos werden Positionen vertreten, die bei genauer Betrachtung nicht zu halten sind. Wer aller Leidenschaftlichkeit und Parteilichkeit zum Trotz aber redlich und damit langfristig auch glaubwürdig bleiben möchte, sieht die Schwäche der eigenen Argumentation ein und erkennt die Gegenposition an. Möglicherweise wird die geplante Rede damit überflüssig. In den meisten Fällen aber wird es darum gehen, die wichtigsten Argumente zu verteidigen und sie der Gegenseite ins Bewusstsein zu rufen. Damit setzt man die eigene Position zwar nicht durch, man versucht aber die gegnerische Position so weit zu modifizieren, dass eigene Argumente von der Gegenseite übernommen werden. Dies kann nur gelingen, wenn man sich von der Vorstellung trennt, bei Diskussionen und Debatten müsse es immer »Sieger« und »Verlierer« geben. Wer sich durchsetzt, kann durchaus Positionen der Gegenseite berücksichtigen und auch der Unterlegene hat damit zu einer guten Lösung beigetragen. Eine solche Haltung könnte schließlich zu einem offeneren Diskussionsklima, einer besseren Konfliktkultur in unserer Gesellschaft führen. Auch wenn der Weg dahin schwierig sein mag – das Festhalten an diesem Ziel gründet sich auf die Zuversicht, dass Menschen grundsätzlich zu vernünftigen Lösungen fähig sind.

Exkurs: Marcus Tullius Cicero

Ein Gymnasium in Schwäbisch Gmünd, einer mittleren Stadt in Baden-Württemberg: Wenn die Schülerinnen und Schüler morgens durch das Hauptportal zu ihren Klassenzimmern eilen, nehmen sie kaum die beiden verwitterten Statuen wahr, die das Bildungsprogramm ihres Gymnasiums symbolisieren. Der Mathematiker und Astronom Johannes Kepler steht für die mathematisch-naturwissenschaftliche Ausrichtung. Und Cicero? Für den Lateinunterricht, für die Sprachen allgemein, für die Literatur? Nur wenigen ist bewusst, dass Cicero als der bedeutendste Redner Roms galt und in seinen rhetorischen Schriften eine wichtige Theorie der Rhetorik ent-

wickelte, die stark auf persönlichen Erfahrungen und Beobachtungen basierte.
Als Sohn eines römischen Ritters aus einer kleinen Provinzstadt war der 106 v. Chr. geborene Marcus Tullius nicht unbedingt für eine politische Karriere bestimmt, aber dank seines Ehrgeizes, seiner soliden Ausbildung, seiner weit gespannten Bildungsinteressen, seines sprachlichen und rhetorischen Geschicks wurde der Emporkömmling bald zum ersten Anwalt Roms, schließlich zum Ankläger gegen korrupte Beamte und Verschwörer. Nachdem er die höchsten Staatsämter bekleidet und seine politische Laufbahn abgeschlossen hatte, schrieb er das Lehrbuch »Über den Redner«, in dem er seine Erfahrungen als Politiker und Redner niederlegte.
Cicero ging dabei von einem beinahe unerreichbaren Rednerideal aus: Nur wer umfassend gebildet, charakterlich gefestigt und in seinem Verhalten ohne Makel, kurz: vertrauenswürdig war, sollte öffentlich reden dürfen. Wenn ein solch »guter Mensch« die Zuhörer mehr durch die Erregung von Gefühlen überreden als durch Argumente überzeugen durfte, so war das durchaus legitim, denn Bildung und moralische Integrität sollten nach Ciceros Überzeugung den Redner vor jeglichem Missbrauch der Rhetorik bewahren.
Ähnlich wie Demosthenes (vgl. S. 8) ist auch Cicero als Politiker letzten Endes gescheitert; er wurde 43 v. Chr. ermordet. Eine makabres Detail zeigt einerseits die Grausamkeit des Bürgerkriegs nach Caesars Ermordung, andererseits die Anerkennung seiner rhetorischen Fähigkeiten durch die triumphierenden Gegner: Auf der Rednerbühne, auf der Cicero seine letzte Philippica gegen Marc Anton gehalten hatte, wurde neben seinem abgeschlagenen Kopf auch seine rechte Hand ausgestellt – als Hinweis auf die ausdrucksstarke Gestik des großen Redners!
Berühmt sind die vier Reden, die Cicero im Jahr 63 v. Chr. gegen den Verschwörer Catilina hielt. Die Auszüge aus der ersten und der vierten Rede zeigen den Übergang von der Gerichtsrede zur politischen Rede. Der Konsul hält hier vor dem Senat Gericht über den Verschwörer.

»Wie lange, Catilina, willst du noch unsere Geduld missbrauchen? Wie lange noch soll dein wahnsinniges Treiben uns höhnen? Wo ist die Grenze deiner Prahlerei und hemmungslosen Frechheit? [...] Macht die starke Sicherung dieses Ortes hier für die Senatssitzung gar keinen Eindruck auf dich? Auch nicht der Blick und die Mienen der hier versammelten Männer? Fühlst du nicht, dass deine Pläne allgemein bekannt sind? Siehst du nicht, dass durch das Wissen aller dieser Männer um deine Verschwörung diese bereits völlig eingeschnürt ist? [...]
Ich sehe, versammelte Väter, wie euer aller Mienen und Blicke auf mich gerichtet sind; ich sehe, wie euch nicht nur eure eigene und die Gefahr des Staates, sondern auch, für den Fall, dass diese gebannt ist, die meinige Sorge bereitet. Euer Mitgefühl mir gegenüber ist mir willkommen im Unglück und tröstlich im Schmerz, doch – bei den unsterblichen Göttern! – lasst davon ab und denkt, ohne euch um meine Rettung zu kümmern, an euch und eure Kinder. [...]
Ich glaube nämlich vor Augen zu sehen, wie diese Stadt, die Leuchte des Erdenrundes und die Schutzburg aller Völker, plötzlich in einer Feuersbrunst zusammenstürzt. [...] Denn ich möchte fragen: Gesetzt, einem Familienvater hat ein Sklave die Kinder getötet, die Frau ermordet, das Haus in Brand gesteckt, wenn er nun seine Sklaven nicht mit äußerster Härte bestraft, gilt er dann für milde und mitleidig oder für höchst unmenschlich und grausam? Ich jedenfalls halte den für gefühllos und hartherzig, der nicht durch die Qual und Marter des Schädigers seine eigene Qual und Marter lindert. [...]
Doch was ich da vernehme, versammelte Väter, kann ich nicht überhören. Mir kommen nämlich die Stimmen derer zu Ohren, die zu befürchten scheinen, ich sei nicht ausreichend mit Schutzmannschaften versehen, die Dinge, die ihr am heutigen Tage beschließt, durchzuführen. Alles ist vorgesehen, angeordnet und festgesetzt, versammelte Väter, teils durch äußerste Sorgfalt und Aufmerksamkeit von meiner Seite, und noch weit mehr durch die Bereitschaft des römischen Volkes, die Staatsgewalt aufrechtzuerhalten und die allgemeine Wohlfahrt zu schützen. Jedermann ist zur Stelle, jeden Standes, jeder Art und

auch jeden Alters; dicht besetzt ist das Forum, dicht besetzt sind die Tempel rings um das Forum, dicht besetzt alle Eingänge dieser heiligen Stätte. [...]
Ihr habt einen Leiter, der an euch denkt und sich selbst vergisst, eine Lage, die nicht immer gegeben ist; ihr habt auf eurer Seite alle Stände, alle Bürger, das gesamte römische Volk, das eines und dasselbe denkt – was wir bei einer innenpolitischen Angelegenheit am heutigen Tage zum ersten Male erleben. Bedenkt, unter welchen Mühen das Reich gegründet, durch welche Anstrengung die Freiheit gefestigt, durch welchen Segen der Götter unser Besitz vermehrt und vergrößert worden ist, und all dies hätte eine Nacht beinahe zerstört. Dass dies in Zukunft niemals mehr von Bürgern nicht nur nicht vollbracht, sondern nicht einmal geplant werden kann, dafür muss man am heutigen Tage sorgen. [...]
Entscheidet daher mit Umsicht und Tatkraft, wie ihr begonnen habt, über euer und des römischen Volkes gesamtes Wohl, über eure Frauen und Kinder, über Herd und Altar, über Tempel und Heiligtümer, über die Häuser und Zinnen der ganzen Stadt, über Herrschaftsmacht und Freiheit, über das Heil Italiens, über das gesamte Staatswesen. Ihr habt einen Konsul, der nicht zögert, eure Beschlüsse zu befolgen, und der bis zu seinem letzten Atemzuge für das, was ihr festsetzt, einzutreten und sich selbst zu verbürgen vermag.«

Wodurch werden in dieser Rede Affekte hervorgerufen? Erklären Sie die starke Wirkung dieser Rede auf die Zuhörer.
Welche Inhalte wären in heutiger Zeit unvorstellbar, welche rhetorischen Verfahrensweisen lassen sich auf andere Inhalte übertragen?

Die Festrede

Ganz zu Unrecht wird die Festrede weniger ernst genommen als andere Redegattungen. Wer kennt sie nicht, die erzwungenen Gelegenheitsreden, die eher Verlegenheitsreden genannt werden müssten und nicht selten mit der Floskel »Ich bin gewiss kein guter Redner, lassen Sie mich dennoch ...« beginnen und enden mit »So, das war's, was ich eigentlich sagen wollte. Zumindest ist das meine persönliche Meinung.«
Was für Sachvorträge und Meinungsreden gilt, sollte auch in der öffentlichen und selbst in der ganz privaten Festrede beherzigt werden: Bevor sie banal und nichtssagend wird, sollte sie lieber nicht gehalten werden!
Machen wir uns den vereinfachten Aufbau (Fünf-Punkte-Gliederung) einer Festrede bewusst:

- zu welchem Anlass Gäste und zu Ehrende zusammengekommen sind,
- was alle über diesen Anlass wissen (allgemeine Zustimmung),
- was vielleicht nicht alle wissen und was besonders erwähnenswert ist,
- welche neue Einsicht aus diesem Aspekt gewonnen werden kann,
- wofür wir danken/welchen Ausblick dieser festliche Anlass eröffnet.

Da die Tatsachen, die zur Festrede geführt haben, im Wesentlichen feststehen, kommt es also darauf an, welchen Schwerpunkt oder welche Perspektive der Redner wählt und wie er die Person oder den Sachverhalt darstellt und wertet. Dies geschieht im dritten und vierten Gliederungspunkt. Diese bewusste Auswahl im Inhalt wie im Stil macht den besonderen Reiz der Festrede aus und stellt die eigentliche Herausforderung an den Redner dar. Wer diesen persönlichen Schwerpunkt nicht zu setzen bzw. diesen persönlichen Anknüpfungspunkt für sich nicht zu sehen vermag, wird sich mit jeder Festrede schwer tun. Da diese Gattung auf festliche Weise wirken will, kommt sie selten ohne Redeschmuck aus. Dieser ergibt sich durch die besondere Wortwahl, den Satzbau und die bewusste Verwendung von Stilfiguren. Auch Zitate verleihen der Rede etwas Glanz, müssen aber passen und auch inhaltlich in der Rede aufgegriffen werden. Nach antikem Verständnis liegt der Schwerpunkt dieser Redegattung beim »delectare«, Festreden sollen die Gäste festlich stimmen, erbauen oder erheitern.

Nicht vernachlässigt werden dürfen bei der Festrede schließlich die großen Gesten. Ob es sich um die stumme Verneigung vor einem Verstorbenen, um die Überreichung eines Geschenks oder eines Blumenstraußes mit herzlicher Umarmung oder um das Aussprechen eines Toastes bei erhobenem Sektglas handelt: Diese Gesten haben eine Bedeutung, die meist jenseits der Worte liegt, wollen daher aber nicht weniger genau bedacht sein.

a

1. In einer Zitaten-Sammlung finden Sie u. a. die folgenden Zitate zum Stichwort »Humor«:
   »Humor ist keine Gabe des Geistes, er ist eine Gabe des Herzens.« (Ludwig Börne)
   »Es ist schlimm, in einem Lande zu leben, in dem es keinen Humor gibt. Aber noch schlimmer ist es, in einem Lande zu leben, in dem man Humor braucht.« (Bertolt Brecht)
   »Die Fantasie tröstet die Menschen über das hinweg, was sie nicht sein können, und der Humor über das, was sie tatsächlich sind.« (Albert Camus)
   »An dem Punkt, wo der Spaß aufhört, beginnt der Humor.« (Werner Finck)
   »Humor ist der Knopf, der verhindert, dass uns der Kragen platzt.« (Joachim Ringelnatz)
   Wählen Sie eines dieser Zitate aus und würdigen Sie den Humor einer Person, die Sie besonders schätzen.
2. Denken Sie an einen Abschnitt ihrer Schulzeit (Ihrer Ausbildung, Ihres Studiums) zurück, der sie besonders geprägt hat. Würdigen Sie diesen in einer fiktiven Abschiedsrede, die den Dank für positive Erfahrungen mit mindestens einem konstruktiven Verbesserungsvorschlag verknüpft.

Dass Festreden nicht belanglos sein müssen, sondern durchaus meinungsbildend sein können, zeigt im Übrigen eine Vielzahl von historischen Reden.

Vor der UNO hat der tschechische Staatspräsident Vaclav Havel 1990 eine Festrede gehalten; Anlass war die Unterzeichnung einer Konvention zum Schutz der Kinder. Es ging dabei nicht mehr darum, argumentativ für den Schutz von Kindern zu kämpfen, sondern um die Würdigung der bereits verabschiedeten Konvention .

Das Beispiel veranschaulicht, mit welchem Nachdruck auch Festreden politisch sein können. Der Übergang zwischen den Gattungen ist fließend.

Vaclav Havel: Die Revolution der Kinder

Herr Vorsitzender, sehr geehrte Anwesende, während der letzten Jahrzehnte habe ich in meinem Land Tausende gekrümmter Rücken gesehen. Tausende von Malen konnte ich hören, wie Menschen ihren servilen Dienst für das verhasste Regime mit dem Argument verteidigten, sie täten das ja nur ihrer Kinder wegen: um sie ernähren zu können, damit sie studieren, damit sie ans Meer fahren können. Tausende von mir bekannten und auch mir unbekannten Menschen haben mir im Geheimen anvertraut, sie seien mit ihrem Verstand und auch mit dem Herzen voll auf unserer Seite, das heißt, auf der Seite der so genannten Dissidenten und die von dem totalitären Regime gegen uns organisierten Petitionen würden sie doch nur deshalb unterschreiben, weil sie Kinder hätten und sich den Luxus des Widerstandes nicht leisten könnten. Die Unmoral wurde im Namen der Kinder begangen und um der Kinder vorgeblichen Wohles diente man dem Bösen. Aber ich habe noch größere Perversionen gesehen, wenn auch nur im Film oder im Fernsehen: Hitler, freundlich den fanatisierten Mädchen der Hitlerjugend zuwinkend; den Massenmörder Stalin, ein Kind mit Pioniertuch küssend, dessen Eltern ebenso wie viele andere im Archipel Gulag zugrunde gingen; Gottwald, den tschechischen Stalin, wie er lächelnd mit Bergmannslehrlingen scherzt, die

den Sozialismus aufgebaut haben, um dann von ihm zu Invaliden gemacht zu werden; den irakischen Präsidenten Hussein, wie er die Kinder seiner Geiseln streichelt, die erschießen zu lassen er angedroht hat.
Ich weiß davon und habe es erlebt, wie in der Tschechoslowakei Tausende von Menschen in kommunistischen Konzentrationslagern gelitten haben, Hunderte von ihnen wurden hingerichtet und zu Tode gemartert, und das alles nur für das erlogene Glück noch nicht geborener Generationen in einem erlogenen Paradies. Wie viel Böses wurde schon im Namen der Kinder verübt!
Ich habe aber auch anderes erlebt, gerade erst vor kurzem, vor einigen Monaten, vor einem Jahr, vor zwei Jahren: einen glanzvollen Aufstand der Kinder gegen die Lüge, der ihre Eltern angeblich im Interesse der Kinder dienten: Unsere antitotalitäre Revolution war, zumindest in ihren Anfängen, eine Revolution der Kinder. Realschüler und Lehrlinge gingen auf die Straße, eine minderjährige Jugend. Sie gingen auf die Straße und ihre Eltern hatten Angst. Um sie und um sich. Sie sperrten sie in Wohnungen ein, verließen mit ihnen an den Wochenenden die Städte. Dann fingen sie an, mit ihnen auf die Straße zu gehen. Zuerst aus Angst um sie, später wurden sie von der Begeisterung ihrer Kinder angesteckt. Es waren die Kinder, die in ihren Eltern das bessere Ich geweckt haben. Sie haben sie der Lüge überführt und sie gezwungen, sich auf die Seite der Wahrheit zu stellen. […]
Der internationalen Gemeinschaft ist etwas gelungen, was es noch nie gegeben hat: Die meisten Länder der Welt haben sich innerhalb von wenigen Monaten einer ungewöhnlich guten, genauen und umfassenden internationalen Konvention zum Schutze der Kinder angeschlossen. Ich freue mich darüber ebenso, wie sich alle über diesen nahezu beispiellosen Erfolg freuen, und bin stolz darauf, dass ich die Ehre hatte, diese Konvention heute früh zu unterzeichnen.
Wie jedes Gesetz, so kann auch dieses einen Sinn und eine Bedeutung nur dann erlangen, wenn es gleichzeitig von einer moralischen Selbsterkenntnis begleitet wird. In diesem Falle von der Selbsterkenntnis der Eltern.
Man kann so etwas nicht in ein Gesetz aufnehmen. Wenn es möglich wäre, würde ich dieser Konvention, die ich unterzeichnet habe, noch einen Paragraphen hinzufügen, den man leider nicht in ein Gesetz aufnehmen kann: Einen Paragrafen, der Eltern und anderen Erwachsenen untersagt, im Namen der Kinder – und angeblich in deren Interesse – zu lügen, totalitären Regimen zu dienen, zu denunzieren, sich zu ducken, Diktatoren zu fürchten und Freunde und Ideale zu verraten. Und dass allen Mördern und Diktatoren verboten wird, Kindern über die Haare zu streichen.

Podiumsdiskussion und Talkshow

Unsere demokratische Gesellschaft bietet auch jungen Menschen viele Möglichkeiten der politischen Mitwirkung und der Einflussnahme auf den politischen Meinungsbildungsprozess. In Schule und Studium, in der Ausbildung und im Beruf, aber auch in der Kommunalpolitik oder in den Jugendverbänden und Vereinen haben Jugendliche Gelegenheit, sich zu Wort zu melden, um sich argumentativ für die eigenen Interessen und Ziele einzusetzen. So diskutieren Schüler über Gewaltprävention oder die Oberstufenreform, Studenten über Studiengebühren oder Prüfungsordnungen, Auszubildende und Berufstätige über Fragen der Mitbestimmung, über Fortbildungsmöglichkeiten oder die Erhaltung des Arbeitsplatzes. In der Kommunalpolitik geht es um Jugendhäuser, Freizeitangebote oder den öffentlichen Nahverkehr. Interne Gesprächs- und Diskussionsrunden können spontan entstehen, bei »heißen« Themen werden auch öffentliche Podiumsdiskussionen organisiert.
Nimmt sich auch das Fernsehen eines kontroversen Themas an, so werden oft Talkshows veranstaltet.
Diese beiden Formen der öffentlichen Rede stellen insofern eine besonders schwierige Gattung dar, als die Rednerin oder der Redner immer wieder damit rechnen muss, in ihrem bzw. seinem

Gedankengang unterbrochen zu werden. Kaum ist ein Gedanke entwickelt, geht das Wort an einen anderen Redner über. Zusammenhänge werden schnell auseinander gerissen. Viele Redner sind enttäuscht: Sie hätten noch so vieles sagen wollen, sind aber nicht dazu gekommen.

Umgekehrt sind Podiumsdiskussionen und Talkshows für engagierte Menschen ein wichtiges Forum um eigene Gedanken einer größeren Zuhörerschaft publik zu machen. So ärgerlich es auch sein mag, dass die eigene Rede immer wieder durch den Moderator oder durch die Beiträge der anderen Diskussionsteilnehmer unterbrochen wird, es überwiegen die Vorteile: Durch die Fragen des Moderators entwickelt sich die Einzelrede rasch zu einem Dialog; durch Rede und Gegenrede zwischen den Parteien werden die Streitpunkte und unterschiedlichen Positionen deutlich. Aufs Ganze betrachtet wird der Redebeitrag trotz der ärgerlichen Unterbrechungen dadurch spannender und zu einer echten Herausforderung für den fortgeschrittenen Redner.

Allerdings muss man bei der Vorbereitung auf eine solche Veranstaltung umdenken. Man formuliert ja nicht mehr eine ganze Rede, sondern einzelne Beiträge auf Abruf. Jeder dieser Beiträge hat eine Binnenstruktur, alle Beiträge zusammen ergeben eine Gesamtstruktur. Beide Strukturen schließen spontane Redebeiträge und Reaktionen auf Einwürfe nicht aus, im Gegenteil: Erst der Redner, der aufgrund der Grobstruktur weiß, was er will, und der sich intensiv auf seine und die gegnerische Argumentation vorbereitet hat, kann wirklich angemessen reagieren.

Zunächst bereitet man kurze Einzelstatements als in sich geschlossene kleine Redebeiträge vor. Diese könnten den folgenden Aufbau haben:

- Diese Frage, dieser Aspekt ist (mir) deshalb wichtig, weil ...
- Die Sachlage hierzu ist: ...
- Meine Forderung dazu lautet: ...
- Dazu ein passendes Beispiel: ...
- Was den Zuhörern bewusst werden soll: ...

Dieser Aufbau hat den Vorteil, dass das Wesentliche gesagt ist, wenn man nach dem dritten Gliederungspunkt unterbrochen wird; bekommt man aber etwas mehr Zeit eingeräumt, kann man seine Gedanken durch den vierten Gliederungspunkt vertiefen und durch den fünften nochmals in einem gezielten Schluss-Satz verstärken.

Der ehemalige SPD-Vorsitzende Oskar Lafontaine am 11.10.1999 in der Talkshow »Sabine Christiansen«

Aufgrund der Vorgespräche mit dem Moderator weiß man in der Regel auch, mit wie vielen Redebeiträgen man in etwa rechnen kann. Ist aufgrund der vorgegebenen Zeit und im Hinblick auf die anderen Redner beispielsweise mit fünf Redebeiträgen zu rechnen, lassen sich die einzelnen Statements etwa folgendermaßen gliedern:

- Statement, das allgemeine Zustimmung hervorruft,
- Statement, um sich mit dem wichtigsten Diskussionsgegner, der wichtigsten Gegenthese (mit einer, nicht mit allen!) auseinander zu setzen oder um auf einen ungerechtfertigten Angriff zu reagieren,
- Botschaft, zentrale These,
- weitere Thesen, Argumente, Aspekte zur Vertiefung,
- Schluss-Statement, das wiederum allgemeine Zustimmung hervorruft.

Diese Bausteine müssen flexibel dem Gesprächsverlauf angepasst werden. Auch andere Gliederungen sind denkbar, denn bei Podiumsdiskussionen und Talkshows ist natürlich – abhängig vom Thema, von den Teilnehmern und vom Moderator – vieles offen und manches möglich. Eines verbietet sich aber von selbst: das beste Argument bis zum Schluss aufzusparen! Denn dies fällt aus Zeitgründen erfahrungsgemäß oft unter den Tisch.

Wie aber formuliert man Statements, die allgemeine Zustimmung hervorrufen? Hierzu ist es zur Übung hilfreich, einmal auf den Applaus zu achten, den die Zuhörer in Podiumsdiskussionen und Talkshows spontan spenden.

a

In einer bekannten Talkshow wurden die folgenden Aussagen mit spontanem Applaus aus dem Publikum beantwortet. Untersuchen Sie, warum die jeweilige Formulierung zum Redeapplaus geführt hat. Achten Sie dabei weniger auf den politischen Inhalt als auf die Redeweise.

Gregor Gysi (PDS) am 13. 2. 2000:
»Das Problem sind wirklich die Maßstäbe, Herr Merz [CDU/CSU-Fraktion], aber in umgekehrter Hinsicht! Wir sind in einem Land, wo die kleinste Sünde konsequent verfolgt wird, ein ganzer Justizapparat bewegt sich wegen jeder albernen Schwarzfahrt. Und sozusagen in den oberen Etagen wird da mit Koffern durch die Lande gezogen und da passieren Dinge, da wackeln den Leuten nur so die Ohren und dann fällt es auch noch so wahnsinnig schwer, eine politische Konsequenz daraus zu ziehen und 'ne Verantwortung herzuleiten. Das ist im Grunde nicht hinzunehmen.«

Herta Däubler-Gmelin (SPD) am 30. 7. 2000:
»Wissen Sie, was ich so besonders beklemmend [...] finde. Da haben diese Schläger [...] angefangen, diese zwei afrikanischen dunkelhäutigen Asylbewerber im Bahnhof zu belästigen. Niemand hat sich eingemischt. Übrigens: Niemand ist nicht nur nicht dazwischengegangen, sondern – heute hat nahezu jeder ein Handy, wenn man sich nicht traut sich einzumischen, kann man sofort die Polizei anrufen und sagen: »Das geht nicht!« – aber das ist auch nicht passiert. Das meine ich mit dem, was wir erreichen müssen: Es darf nicht mehr weggeguckt werden! Weil wir, glaube ich, große Sorge haben müssen, dass hier ein brauner Terrorismus entsteht.«

Reinhard Loske (Grüne) am 4. 6. 2000 zum Thema Straßenausbau:
»Wenn es nach ihm (Möllemann) ginge, würde sogar die Datenautobahn asphaltiert werden.«

Angela Merkel (CDU) am 7. 5. 2000 zum Thema FDP in einem Landtagswahlkampf:
»Wenn wir stärkste Partei wären, machte ich mir keine Sorgen, dass Herr Möllemann nicht auch wieder umspringen kann. Er kann gut abspringen, er kann gut aufspringen, er kann vielleicht auch wieder umspringen. Also, das ist mein geringstes Problem.«

Edmund Stoiber (CSU) am 6. 2. 2000 zur Außenpolitik der Bundesregierung:
»Das Recht nehme ich mir gegenüber der Bundesregierung locker heraus: Wir werden alles tun, dass wir hier den Schaden von Deutschland abwenden.«

Podiumsdiskussionen und Talkshows haben stärker als die anderen Redegattungen Showcharakter. Da der Gegner in seiner Meinung meist festgelegt ist, kommt es weniger darauf an ihn zu überzeugen als das Publikum. Im Grunde hat der Redner zwei sehr unterschiedliche Ansprechpartner: dem Anschein nach den Gegner in der Diskussion, in Wirklichkeit aber das Publikum, das er für sich einnehmen möchte. Dieses bildet sich nicht nur aufgrund von Fakten und Argumenten eine Meinung, es möchte vielmehr auch aufgrund von Sympathie und Antipathie oder aufgrund des konkreten Redeverhaltens spontan Partei ergreifen, sich also mit einer Seite identifizieren und durch Beifall Zustimmung bezeugen. Für das Urteil des Publikums spielen Verhaltensweisen und körpersprachliche Signale der Redner eine gewichtige Rolle. Die folgende **T-a-l-k-s-h-o-w-**Empfehlung fasst zusammen, wie ein Diskussionsteilnehmer sein sollte, wenn er die Zustimmung des Publikums gewinnen möchte:

Tolerant, aber nicht opportunistisch,
angriffslustig, aber nicht unfair,
leidenschaftlich, aber nicht fanatisch,
kommunikativ, aber nicht geschwätzig,
selbstbewusst, aber nicht arrogant,
humorvoll, ohne witzig wirken zu wollen,
orientiert an der Sache, aber nicht langweilig,
wohl wissend, aber nicht besserwisserisch.

Vieles lässt sich bei Podiumsdiskussionen und Talkshows nicht planen, vieles hängt von der Atmosphäre und vom Diskussionsverhalten der anderen Teilnehmer ab. Vorbereitet muss man aber immer sein auf Redeunterbrechungen. Wenn nicht der Diskussionsleiter oder Moderator eingreift, muss man selbst für das eigene Rederecht kämpfen. So formelhaft die folgenden Entgegnungen auch sein mögen, so sind sie in der Regel doch recht wirkungsvoll.

- »Nun lassen Sie mich bitte einmal ausreden, Herr X ...«
- »Wir sollten bei den demokratischen Spielregeln bleiben, auch in einer solch engagierten Runde.«
- »Ich habe Sie übrigens auch ausreden lassen und Sie nicht unterbrochen.«
- »Hätte ich Unrecht, Frau Y, dann könnten Sie gelassener reagieren und mich ausreden lassen.«
- »Hätten Sie mich eben nicht vorschnell unterbrochen, dann hätten Sie Ihren Einwurf nochmals überdenken können.«
- »Hören Sie doch erst einmal zu! Vielleicht können Sie sich dann wieder ein bisschen beruhigen.«
- »Wenn Sie so polemisch werden, zeigt's doch, dass Sie ganz unsicher sind.«

Wenn der Gegner in einem Schlagabtausch einmal erfolgreicher gewesen ist und beim Publikum erkennbar »gepunktet« hat, sollte man nicht gleich das Gesicht verlieren und schon gar nicht resignieren. Das gehört zu einem offenen Meinungsbildungsprozess dazu. In diesem Sinn hat es meist wenig Sinn besserwisserisch »nachzukarten«.

Vernünftiger ist es, sich etwas zurückzunehmen, den Diskussionsverlauf aufmerksam zu verfolgen und sich dann wieder aktiv einzubringen, wenn man das Gefühl hat: »Hier ist deine Meinung, deine Position gefragt.« Wichtig ist, dass man dem Erwartungsdruck, der in dieser Situation auf einem lastet, standhält und authentisch bleibt, sich nicht anbiedert oder populistisch wird. Wer gut zuhört und schnell reagieren kann, ist bald wieder im Gespräch.

Wenn man spürt, dass der Gegner zu leichtes Spiel hat in der Argumentation, dann könnte es daran liegen, dass im bisherigen Verlauf der Diskussion Aspekte im Vordergrund standen, die eher für dessen Seite sprechen. Wenn nun der Diskussionsleiter oder Moderator nicht gegensteuert, muss man selbst die Initiative ergreifen um von sich aus die Diskussion auf die bevorzugten Aspekte zu lenken.

Wichtiger als diese notwendigen taktischen Überlegungen ist aber eine solide Vorbereitung. Daher sollte jeder Teilnehmer sich über die folgenden Fragen im Klaren sein:

- Wie lautet meine Botschaft?
- Welche sind meine drei stärksten Argumente? Welches davon eignet sich für eine Vertiefung?
- Welche Kritik muss ich zurückweisen, welche These sollte ich widerlegen?

Bevor man in einer leidenschaftlich geführten Diskussion andere attackiert, müssen diese drei Punkte gesichert sein. Niemals sollte man einen anderen Diskussionsteilnehmer »ungeschützt« angreifen, das heißt: unberechtigterweise oder ohne stichhaltiges Argument! Gelingt es dem Angegriffenen, den Vorwurf zu entkräften, ist der Angreifer nachhaltig blamiert.

Sie benötigen 15 Minuten Zeit, eine Uhr mit Sekundenzeiger oder Stopp-Uhr, drei leere Blätter Papier und ein Schreibwerkzeug; auch ein Kassettenrekorder oder eine Videokamera kann zur Überprüfung eingesetzt werden. Entscheiden Sie sich für eines der vorgeschlagenen Themen, zu dem Sie möglichst schon eine Meinung haben sollten (Pro oder Kontra):

Computer in jedem Klassenzimmer?
Atomausstieg für Deutschland?
Wofür soll die Ökosteuer verwendet werden?
KFZ-Führerschein schon mit 16?
Kampfhunde verbieten?

Machen Sie sich zunächst Stichworte für ein Eingangsstatement, das allgemeine Zustimmung hervorruft. Für die Vorbereitung haben Sie drei Minuten Zeit.
Notieren Sie sich dann noch einige wenige Stichworte zu der Gegenthese. Hierzu haben Sie nur noch zwei Minuten Zeit.
Formulieren Sie abschließend Ihre zentrale Botschaft in einem einzigen Satz. Hierzu haben Sie nur noch eine Minute Zeit. Decken Sie nun alle drei Blätter zu, sie dienen nur der gedanklichen Vorbereitung und der abschließenden Überprüfung. Besinnen Sie sich kurz. Dann halten Sie in freier Rede Ihre drei Statements. Dabei sollte keines länger dauern als zwei Minuten (Stoppuhr!), denn wer länger spricht, muss damit rechnen, dass er vorzeitig unterbrochen wird.

Zwischenbetrachtung zum Showcharakter von Alltagsdiskussionen

Dass sich Menschen gerne in Szene setzen, gut ankommen oder ernst genommen werden wollen, kommt natürlich auch im Alltag häufig vor. Dazu sind weder Fernsehkameras noch ein Millionenpublikum notwendig. Beim Mittagstisch oder in der kleinen Pause, bei Diskussionen im Klassenzimmer oder auf dem Schulhof, in Konferenzen oder bei Besprechungen im Sportverein, immer wieder ist bei Diskussionen zu beobachten, dass es manchen offensichtlich gar nicht so wichtig ist, den Gesprächspartner zu überzeugen, sondern bei den Zuhörern zu »punkten«.
Rhetorik kann die Menschen nicht verändern, sie kann aber für solche Redesituationen sensibilisieren und deutlich machen: Auch und gerade der Wichtigtuer ist abhängig. Er braucht seine Zuhörer mehr als sie ihn. Konsequenz: Bei dieser Show einfach nicht mitspielen – weder als Diskussionspartner noch als Zuhörer!

Diskussionsleitung und Moderation

Junge Menschen können an Diskussionsrunden und Talkshows teilnehmen, sie können aber auch selbst einmal in die Situation kommen, eine Diskussion leiten oder in einer Veranstaltung moderieren zu müssen. So kann eine Schülervertretung eine Podiumsdiskussion organisieren um auf die mangelhafte Ausstattung in der Schule aufmerksam zu machen, die Schüler eines Leistungs- oder eines Seminarkurses können Eltern und Lehrer einladen um ihre Arbeitsergebnisse zu präsentieren, eine Bürgerinitiative kann auf ihre Arbeit und ihre politischen Forderungen in einer öffentlichen Veranstaltung aufmerksam machen wollen. In diesen Fällen genügt es nicht, wenn viele engagiert für ihre Sache streiten, es muss sich auch (mindestens) eine Person finden, die bereit ist, für die gesamte Veranstaltung Verantwortung zu übernehmen, also sie zu leiten und zu moderieren.
Wer diese Verantwortung übernimmt, verzichtet zunächst darauf, in eigener Sache zu streiten. Er bereitet die Veranstaltung organisatorisch und

inhaltlich vor und nimmt auch das Risiko auf sich, dass eine Diskussionsrunde misslingt, weil sie ohne greifbares Ergebnis endet oder außer Kontrolle gerät. Wer dieses Risiko und die damit verbundene Verantwortung aber nicht scheut, kann auch einiges gewinnen: Er hat als Diskussionsleiter oder Moderator ein wichtiges Thema zur Diskussion gebracht und er hat allen Beteiligten gezeigt, dass er bereit ist, schwierige Aufgaben zu übernehmen. Da dies in den Augen der Beteiligten die Glaubwürdigkeit seiner Person erhöht, ist es allen engagierten Menschen durchaus zu empfehlen, auch einmal – wenn sich die Gelegenheit dazu bietet – die Rolle des Diskussionsleiters oder des Moderators zu übernehmen. Durch den Rollentausch und diese neue Erfahrung gewinnt er überdies eine größere Sicherheit für den Fall, dass er selbst bei anderer Gelegenheit in einer Diskussion das Wort ergreifen muss.

Manche Talkshows wollen vornehmlich unterhalten, andere Talkshows und Diskussionsrunden dienen vor allem der Sachinformation und der Meinungsbildung. Diskussions- oder Gesprächsrunden (wie zum Beispiel Konferenzen und Verhandlungen) führen darüber hinaus oft zu bindenden Beschlüssen mit weitreichenden Konsequenzen. Talkshows und Diskussionsrunden haben in der Regel nur ein Thema, Konferenzen haben dagegen meist mehrere Tagesordnungspunkte. Daher kann es keine für alle Diskussionsformen gültige Regelung geben.
Während bei regelmäßig zusammentretenden Diskussionsrunden meist eine Geschäftsordnung zugrunde liegt, die die wichtigsten Fragen regelt, muss der Diskussionsleiter bei Talkshows oder einmaligen Diskussionsrunden das Verfahren und den formalen Verlauf selbst regeln. Darüber hinaus hängt viel von der Autorität und der Akzeptanz des Diskussionsleiters ab, also davon, ob er die Diskussion fair und geschickt leitet.

Hilfreich ist es, sich mithilfe der folgenden Checkliste die einzelnen Aufgaben bewusst zu machen, die auf den Moderator in verschiedenen Situationen zukommen.

Ist der Diskussionsleiter gleichzeitig der Veranstalter, so muss er die Diskussionsrunde auch organisatorisch vorbereiten:

- Thema festlegen und mithilfe eines Aspekts prägnant formulieren,
- Zeit, Ort, Teilnehmerkreis festlegen, evtl. Fachleute auswählen,
- rechtzeitig (mindestens acht Tage vorher) zur Diskussion einladen,
- Sitzordnung festlegen (Podiums- oder Plenumsdiskussion?),
- technische Hilfsmittel bereitstellen (Mikrofonanlage, Rednerpult, Projektionswand usw.),
- evtl. Namensschilder für Diskussionsteilnehmer anfertigen,
- evtl. Materialien / Unterlagen zusammenstellen, vervielfältigen und rechtzeitig verteilen,
- Verfahrensfragen bedenken, sich gegebenenfalls mit der Geschäftsordnung vertraut machen,
- evtl. Vertreter der Medien einladen oder Pressemitteilung veranlassen,
- Bei Konferenzen: Tagesordnung (TO) vorher festlegen, dabei Anträge zur TO beachten.

Der Diskussionsleiter sollte sich inhaltlich auf die Diskussion vorbereiten:

- das Thema analysieren und sich sachkundig machen,
- sich wenn möglich vorab über die wichtigsten Grundpositionen der Teilnehmer informieren,
- sich vorab über die relevanten Aspekte des Themas informieren,
- sich über Ziel und möglichen Verlauf der Diskussion klar werden,
- Bei Konferenzen: sich mit der Problematik der einzelnen Tagesordnungspunkte (TOPs) vertraut machen.

Der Diskussionsleiter eröffnet die Diskussion (Veranstaltung oder Konferenz):

- Teilnehmer begrüßen und Veranstaltung formal eröffnen,
- Thema, Fragestellung und Ziel der Diskussion klar definieren,
- den Zeitrahmen bekannt geben,
- Protokollanten oder Redelistenführer, falls erforderlich, bestimmen.

- Bei Konferenzen: TO bekannt geben und die einzelnen TOPs aufrufen, Beschlussfähigkeit feststellen.

Der Diskussionsleiter kann selbst ins Thema einführen oder von einem Fachmann einführen lassen, bevor er die Aussprache eröffnet:
- den Sachverhalt (korrekt und möglichst neutral) darstellen,
- die Diskussion eröffnen durch eine zielgerichtete Frage, einen provozierenden Denkanstoß oder durch Aufrufen kontroverser Statements der Konfliktparteien,
- evtl. mit Visualisierungen (Grafik) oder medialer Einführung (Dias, Videofilm usw.) Thematik verdeutlichen.

Der Diskussionsleiter erteilt das Wort:
- auf die richtige Reihenfolge der Meldungen oder die Einhaltung des vereinbarten Verfahrens achten (evtl. Redebeiträge zu einem Aspekt bündeln, bei Abweichungen vom Thema gegensteuern),
- über die Zulässigkeit von Gegen- oder Verständnisfragen befinden,
- Zwischenrufer oder Dauerredner freundlich ermahnen, bei grober Regelverletzung dem Teilnehmer das Wort entziehen, notfalls ganz von der Diskussion ausschließen.

Der Diskussionsleiter moderiert die eigentliche Diskussion:
- für eine sachliche und faire Diskussion sorgen, bei hitzigen Wortgefechten moderieren,
- Verstöße gegen die Fairness oder die geltenden Gesprächsregeln tadeln,
- Gemeinsamkeiten und Gegensätze feststellen, Zwischenbilanz ziehen, zusammenfassen,
- die Diskussion vorantreiben (neue Aspekte, vertiefende oder klärende Fragen),
- Abstimmungen herbeiführen.
- Bei Konferenzen: über die Einhaltung der Tages- und der Geschäftsordnung wachen.

Der Diskussionsleiter führt gegebenenfalls zur Beschlussfassung hin und leitet die Abstimmung. Dabei ist meist ein bestimmtes Verfahren einzuhalten, z. B.:

DL: »Es liegt ein Beschlussantrag vor … «
(Der Antragsteller liest den Antrag vor.)
DL: »Wir kommen zur Abstimmung. Ich bitte um Handzeichen. Wer ist für den Antrag? Wer ist gegen den Antrag? Wer enthält sich der Stimme?«
(Die Stimmen werden laut und für alle nachvollziehbar gezählt, das Abstimmungsergebnis wird im Protokoll festgehalten.)
DL: »Der Antrag ist bei x Ja-Stimmen, y Nein-Stimmen und z Enthaltungen angenommen/abgelehnt. Das bedeutet: …«
Da durch Abstimmung herbeigeführte Beschlüsse weit reichende Folgen haben können, muss das Abstimmungsverfahren unbedingt formal korrekt durchgeführt werden, damit es rechtlich nicht anfechtbar ist. Auch die Konkretisierung des Abstimmungsergebnisses ist hilfreich.

Der Diskussionsleiter muss gegebenenfalls auch Anträge zur Geschäftsordnung behandeln. Diese zielen beispielsweise auf:
- Einhaltung oder Änderung der TO,
- Vertagung der Sitzung oder eines TOPs,
- Beschränkung der Redezeit, allg. Zeitlimit,
- Durchführung einer Abstimmung, Herbeiführung eines Beschlusses,
- Pause oder Rauchverbot,
- Prüfung der Zulässigkeit eines Antrags,
- Feststellung der Beschlussfähigkeit,
- Abschluss der Rednerliste/Schluss der Debatte.

Geschäftsordnungsanträge werden durch Heben beider Arme oder durch Zuruf gestellt. Sie haben Vorrang vor der weiteren inhaltlichen Diskussion und müssen sofort behandelt werden.
Geschäftsordnungsanträge sind grundsätzlich legitim. Auch wenn sie nur taktisch motiviert sind (Verhinderung einer Abstimmungsniederlage, Emotionalisierung oder Populismus, Kritik an der Diskussionsleitung), müssen sie so sachlich und leidenschaftslos wie möglich behandelt werden. Der GO-Antrag wird zügig behandelt; eine Diskussion ist nicht gestattet; folgende Reihenfolge ist einzuhalten:

DL: »Wir unterbrechen die inhaltliche Diskussion, um über einen Antrag zur Geschäftsordnung zu befinden.« (DL erteilt X das Wort.)
X: »Ich stelle den Antrag ...« (Erläuterung mit kurzer Begründung)
DL: »Gibt es hierzu einen Gegenantrag?« (Wird kein Gegenantrag gestellt, so ist der Antrag ohne Abstimmung angenommen, wenn nicht die GO eine Abstimmung zwingend vorsieht.)
Y: »Ich stelle den Gegenantrag ...« (Erläuterung mit kurzer Begründung) (Danach wird sofort über den Antrag von X abgestimmt.)
DL: »Es ist ein Geschäftsordnungsantrag auf ... (Antrag von X) gestellt worden. Ich bitte um Handzeichen. Wer ist für diesen Antrag? Wer ist dagegen? Wer enthält sich der Stimme?« (Der Antrag ist bei einfacher Mehrheit angenommen, bei Stimmengleichheit abgelehnt. Der Diskussionsleiter gibt das Ergebnis der Abstimmung bekannt.)

Der Diskussionsleiter schließt die Sitzung:
- Ergebnisse zusammenfassen und offene Fragen bzw. kontroverse Standpunkte formulieren,
- Zuhörer und Diskussionsteilnehmer verabschieden, für Diskussionsbeiträge danken,
- Im Anschluss: Protokoll gegebenenfalls gegenzeichnen und weiterleiten, damit die Beschlüsse umgesetzt werden können.

Für Diskussionsleitung und Moderation gelten die folgenden Grundsätze:

Leiten Sie freundlich, aber bestimmt. Halten Sie sich aus der inhaltlichen Diskussion heraus, greifen Sie aber zügig ein, wenn der Diskussionsverlauf gefährdet ist. Sie sind verantwortlich für die gesamte Diskussion – setzen Sie sich deshalb gegen Einzelinteressen durch.
Lenken Sie die Diskussion so, dass das Diskussionsziel im vorgesehenen Zeitrahmen erreicht wird. Dies gibt Ihnen das Recht, Teilnehmer zu unterbrechen und andere aufzurufen, einen bestimmten Aspekt abzuschließen und auf einen neuen überzuleiten.
Versuchen Sie nicht, eine falsche Harmonie zu erzeugen: Gute Diskussionen müssen kontrovers sein. Daher ist es Ihre Aufgabe, nicht nur Gemeinsamkeiten zu benennen, sondern auch Gegensätze deutlich herauszustellen, evtl. sogar zuzuspitzen. Nur wenn die Diskussion eskaliert und außer Kontrolle zu geraten droht, ist das Eingreifen des Moderators gefordert. Mäßigend kann der Diskussionsleiter einwirken, indem er die Streitenden unterbricht und zu fairem Verhalten ermahnt; indem er die Unvereinbarkeit kontroverser Standpunkte feststellt und dann evtl. zu einem anderen Aspekt überleitet. In Fällen der Eskalation kann er die Kontrahenten auffordern, in einem kurzen Statement den Grund für die Eskalation zu benennen und danach zur Sache zurückzukehren.
Moderation ist ein Balanceakt, bei dem viel Fingerspitzengefühl gefordert ist: Eine gute Diskussion lebt von der lebhaften und emotionalen Beteiligung der Diskutanten; Sie sollte also nicht zu früh und nicht um jeden Preis versachlicht werden; umgekehrt sollte sie aber auch nicht in Feindseligkeiten oder gar in Gewalttätigkeit ausarten.

Mündliche Prüfungen souverän bestehen

Stellen Sie sich vor, Sie könnten bei einer mündlichen Prüfung Ihr Wissen in einem zusammenhängenden Vortrag unter Beweis stellen und der Prüfer bräuchte kaum noch Fragen zu stellen! – So unwahrscheinlich das bislang auch gewesen sein mag, die Richtlinien in vielen Prüfungsbereichen machen dies inzwischen möglich. So sind – um nur ein Beispiel zu nennen – die Prüfungskandidaten beim mündlichen Abitur in Baden-Württemberg vom Jahr 2001 an gehalten, ihre Kenntnisse zunächst in einem zusammenhängenden Vortrag von etwa zehn Minuten darzustellen. In diesem Zeitraum sollen sich die Prüfer weitgehend zurücknehmen, möglichst nicht unterbrechen und keine weiteren Fragen stellen. Somit hat der Prüfling das erste Wort und damit die Chance, den Prüfungsverlauf in seinem Sinne zu beeinflussen.

Es liegt nun an ihm selbst diese Chance für sich zu nutzen oder – was auch vorkommt – sie zu vertun: Prüfling A liest zwei, drei Sätze vom Manuskript ab und schaut dann fragend den Prüfer an. Prüfling B dagegen nutzt seine Chance zu einem zehnminütigen – wenn es gut läuft, vielleicht auch längeren – Vortrag, bei dem er sich zwar strikt an die Fragestellung hält, diese aber frei ausgestaltet. Prüfling A braucht sich nicht wundern, wenn die Prüfung zur peinlichen Abfrage gerät. Und da mit der Zahl der Fragen auch die Wahrscheinlichkeit steigt, dass der Prüfling einmal keine Antwort weiß, wird er vermutlich den schlechteren Eindruck hinterlassen. Prüfling B besinnt sich dagegen erst gar nicht auf die Dinge, die er nicht oder nicht so genau weiß, er wird vielmehr die Schwerpunkte so setzen, dass er seine Stärken zur Geltung bringen kann. Bei gleichem Kenntnisstand würde so das rhetorisch geschicktere Vorgehen auch fachlich den besseren Eindruck hinterlassen.

Zu einem vorgegebenen Thema, meist verbunden mit einem Text oder anderen fachspezifischen Materialien (Statistik, Karte, Noten-Partitur usw.) entwickelt der Prüfling seine Gedanken. Dabei soll er seine Kenntnisse, sein methodisches Können, seine Fähigkeit auf eine neue Fragestellung zu reagieren (Transfer) und natürlich seine rhetorischen Fähigkeiten unter Beweis stellen.

Im Rahmen der Aufgabenstellung trifft der Prüfling eine Auswahl. Es geht im Prüfungsgespräch weniger darum, Fakten auswendig aufzuzählen. Die selbstständige Entwicklung und die nachvollziehbare Gliederung der Gedanken sind oft wichtiger als die vollständige Aufzählung aller Details. Aus rhetorischer Sicht kommt der Vorbereitung unmittelbar vor der Prüfung eine besondere Bedeutung zu, da eine situationsangemessene Planung die Grundlage für das nachfolgende Prüfungsgespräch legt. So ergibt sich bei einer zwanzigminütigen Vorbereitungszeit als Faustregel etwa die folgende Zeiteinteilung:

8 Minuten:	Aufgabenstellung und Materialien aufmerksam lesen und auf dem Aufgabenblatt unterstreichen
8 Minuten:	Stichworte zu den einzelnen Arbeitsanweisungen notieren
4 Minuten:	Stichworte überdenken, im Geiste Prüfungsgespräch vorbereiten

Lesen Sie die Aufgabenstellung, die Prüfungsfrage und gegebenenfalls den Prüfungstext oder die vorgelegten Materialien aufmerksam durch. Unterstreichen Sie das Wesentliche und versehen Sie die Materialien mit Stichworten.

Überlegen Sie:

- Was wird an Fakten erwartet?
- Wie soll mit dem beigefügten Material gearbeitet werden?
- Was muss erläutert oder interpretiert werden?
- Was soll mit etwas anderem verknüpft oder verglichen werden?
- Was kann weitergeführt bzw. weiterentwickelt werden?
- Bieten sich im Rahmen der Fragestellung Ansätze zu einer vertieften Betrachtung an?
- Lassen sich eigene Wissensschwerpunkte in den Mittelpunkt stellen?
- Gibt es Anknüpfungspunkte um das Prüfungsgespräch über die eigentliche Fragestellung hinaus zu eigenen Wissensschwerpunkten zu lenken?

Machen Sie zu jeder der Teilfragen nur wenige Stichworte. Platzieren Sie Ihre Stichworte übersichtlich auf einem Blatt oder besser gleich auf einem Doppelblatt. Arbeiten Sie auch mit rasch skizzierten Pfeilen und Rahmen, wenn Sie Verknüpfungen oder Zusammenhänge markieren wollen.

Schreiben Sie nicht bis zum Ende des Vorbereitungszeitraums. Verschaffen Sie sich lieber in den letzten Minuten der Vorbereitung einen Überblick über die Punkte, die Sie während der Prüfung ansprechen wollen. Konzentrieren Sie sich auf das, was Sie wissen, nicht darauf, was Sie nicht wissen. Verlieren Sie während der Vorbereitung und während des Prüfungsvortrags nie die Aufgabenstellung aus den Augen. Sie ist als roter Faden willkommen und hilfreich.

Aus drei Gründen sollten Sie das Angebot zum freien Vortrag im ersten Prüfungsabschnitt nutzen. Gerade in der Anfangsphase ist die Aufregung am größten. Das »Lampenfieber« lässt sich leichter bewältigen, wenn man erst einmal über seine starken Wissensgebiete spricht. Die Zeit geht viel schneller vorüber, als man denkt. Deshalb sollte man erst einmal alle Wissensschwerpunkte behandeln. Die starken Punkte für den Schluss zurückhalten zu wollen, wäre taktisch unklug, denn im zweiten Prüfungsabschnitt kann der Prüfer das Gespräch in ganz andere Bereiche lenken. Die Prüfer machen sich oft schneller ein Bild, als der Prüfling ahnt. Schon in den ersten fünf Minuten schätzen sie die Prüfungsleistung ein und ordnen sie einem Notenbereich zu. Dies ist zwar noch kein abschließendes Urteil, aber eines, das das Endergebnis mitprägt.

Beim Prüfungsvortrag ist es für die Prüfer oft hilfreich, wenn der Prüfling den Übergang von einem Aufgabenteil zum nächsten andeutet:

- »Soweit die Entstehungsgeschichte. Ich komme jetzt zur Interpretation des Textes …«
- »Wenn Sie einverstanden sind, würde ich jetzt gerne einen Vergleich ziehen zu …«
- »Dies sind nach meiner Einschätzung die wichtigsten Ursachen für … Ich komme nun zur dritten Aufgabenstellung.«
- »Wer diesen Text besser verstehen will, muss sich die Frage stellen …«

Ergreifen Sie auch im Prüfungsgespräch immer wieder die Initiative und lenken Sie das Gespräch auf Ihre starken Wissensbereiche. Wenn Sie umgekehrt auf eine Frage keine Antwort wissen, lassen Sie keine Verlegenheit aufkommen und reden Sie nicht um den heißen Brei herum. Bitten Sie einfach um eine andere Frage. Wenn Ihnen aber die Aufgabenstellung unklar ist, fragen Sie gleich zurück oder konkretisieren Sie von sich aus die Fragestellung:

- »Könnten Sie die Frage bitte nochmals formulieren?«
- »Meinen Sie die außen- oder die innenpolitischen Ursachen?«
- »Wenn Ihre Frage auf die Entstehung des Textes zielt, so ist zu sagen … Bei der Rezeption ist hingegen festzustellen …«

Auch in Prüfungen spielen körpersprachliche Aspekte eine nicht zu unterschätzende Rolle. Begrüßen Sie zu Beginn alle Mitglieder der Prüfungskommission und nehmen Sie während der Prüfung mit allen hin und wieder Blickkontakt auf. Ihr wichtigster Ansprechpartner ist zwar immer der Prüfer, in der Regel also der Ihnen bekannte Lehrer, bedenken Sie aber, dass die Note im Anschluss an die Prüfung von allen gemeinsam beraten und festgelegt wird.

Wer sehr aufgeregt ist, kann erst einmal das Thema nennen und die Aufgabenstellung vorlesen. Das bewirkt, dass man sich, bevor die eigentliche Prüfung beginnt, erst einmal »warm« redet und dabei die Aufgabenstellung nochmals bedenkt. Und wem vor Aufregung die Hände zittern, sollte das Aufgabenblatt bzw. das Notizblatt nicht in den Händen halten, sondern auf den Tisch legen.

So lange Sie flüssig sprechen und keine groben Fehler machen, wird man Sie kaum unterbrechen. Wenn Sie aber von sich aus Ihren Vortrag unterbrechen, können Sie durch Ihren Blickkontakt zeigen, wie dies zu verstehen ist: Schauen Sie auf Ihre Notizen oder Ihr Aufgabenblatt, so signalisieren Sie, dass Sie noch nachdenken oder das nächste Stichwort suchen. Schauen Sie dagegen den Prüfer fragend an, so geben Sie das Signal, dass Sie Ihren Gedankengang abgeschlossen haben und nun um eine weiterführende Frage bitten.

Wenn es das Prüfungsverfahren zulässt, ist es sinnvoll, an einer Karte oder an einem Modell etwas zu zeigen, an der Tafel etwas zu skizzieren oder vorzurechnen. Dies ist eine willkommene Abwechslung im Gespräch und zeigt, dass der Prüfling souverän mit fachspezifischen Methoden umgehen kann.

Ein letzter Tipp: Machen Sie sich niemals schlechter als Sie sind. Auch wenn es mit der Vorbereitung nicht so geklappt hat, zeigen Sie dennoch Zuversicht – den Prüfern, vor allem aber auch sich selbst gegenüber. Manchmal fragt der Prüfer, um die Atmosphäre aufzulockern, wie der

Prüfling mit der Aufgabenstellung zurechtgekommen ist. Dann ist es unklug, ein Katastrophengemälde zu entwerfen, denn damit stimmt man sich selbst und die Prüfer unnötigerweise auf ein negatives Prüfungsergebnis ein. Ähnliches gilt auch für den Abschluss der Prüfung. Wer zu erkennen gibt, dass er mit dem Prüfungsverlauf absolut nicht zufrieden ist, suggeriert auch ein schlechteres Ergebnis. Sinnvoll ist eine realistische Zuversicht! Denn in der Tat fallen die Ergebnisse häufig besser aus, als sich dies die Prüfungskandidaten in ihrer Aufregung oder gar Versagensangst vorgestellt haben.

Halten Sie es im Hinblick auf anstehende Prüfungen für sinnvoll, eine mündliche Prüfung einmal vorab zu simulieren? Dann benötigen Sie hierzu einen Kassettenrekorder oder eine Videokamera, Schreibzeug und Papier sowie eine Uhr zur Zeitkontrolle. Entscheiden Sie sich für eines der folgenden Prüfungsthemen zum Thema Rhetorik.

- Analysieren Sie die auf Seite 39 abgedruckte Rede und entwerfen Sie einige Grundgedanken zu einer Gegenrede.
- Legen Sie dar, warum visualisiert werden sollte und was dabei zu beachten ist. Skizzieren Sie an der Tafel ein Kommunikationsmodell zum Thema »Visualisierung« und erläutern Sie dabei Ihre Überlegungen.
- Erörtern Sie, inwieweit Menschen das Recht haben, andere zu manipulieren. Definieren Sie zuvor möglichst genau den Begriff »Manipulation« und zeigen Sie abschließend, wie man sich gegen Manipulationsversuche schützen kann.

Wie beim Bewerbungsgespräch spielt auch bei der mündlichen Prüfung der direkte Blickkontakt eine wichtige Rolle

Bewerbungsgespräch und Gruppentest

Herzlichen Glückwunsch! Sie haben eine Einladung zum Bewerbungsgespräch erhalten. Machen wir uns bewusst, welche Stufen dieser Gesprächssituation im Idealfall vorausgegangen sind:

Erstens: Sie haben einen Schulabschluss, eine Ausbildung oder ein Studium mit Noten abgeschlossen, die Sie für den angestrebten Beruf qualifizieren.

Zweitens: Sie haben auf die folgenden Fragen für sich eine Antwort gefunden:

- Was will ich eigentlich? Was macht mir Spaß?
- Was kann ich? Was passt zu mir? Wo liegen meine Stärken?
- Wo liegen meine Schwächen? Was will ich auf keinen Fall?
- Welche Entscheidungskriterien und Aspekte sind mir bei der Berufswahl wichtig: hoher Verdienst oder ein Höchstmaß an sozialer Sicherheit? Selbstständige Tätigkeit oder Arbeit im Team? Ruhige Arbeitsatmosphäre oder ständige Abwechslung? usw.

Drittens: Sie haben sich nicht nur über den Beruf, sondern auch über den anvisierten Arbeitsplatz eingehend informiert. Den Berufsalltag und die Arbeitsinhalte können Sie sich in etwa vorstellen; Vor- und Nachteile des angestrebten Arbeitsplatzes sind Ihnen bewusst; Chancen, aber auch Alternativen sind Ihnen bekannt.

Viertens: Sie haben Ihre Bewerbungsunterlagen (Anschreiben, Lebenslauf mit Passbild, Kopie der letzten beiden Zeugnisse, weitere Qualifikationsnachweise usw.) sorgfältig zusammengestellt und pünktlich abgeschickt. Diese Unterlagen sind keine überflüssige Formalität, sondern Grundlage des Bewerbungsgesprächs und darüber hinaus für Ihren künftigen Arbeitgeber eine erste Arbeitsprobe, die neben den gemachten Angaben auch über Ihre sprachlichen Fähigkeiten, ihre Fertigkeiten am Computer und im Schriftverkehr sowie über ihre Sorgfalt und ihren Sinn für Formales Auskunft gibt.

Fünftens und Letztens: Sie haben sich auch organisatorisch auf das Bewerbungsgespräch vorbereitet. Sie haben sich über den Weg und die Verkehrsverbindungen so genau informiert, dass Sie sich ganz sicher und ohne Hektik pünktlich einfinden (das heißt unter Umständen auch fünf Minuten vor dem vereinbarten Termin an der Pforte oder im Sekretariat!). Sie sind situationsangemessen gekleidet und Sie fühlen sich in Ihrer Kleidung wohl. Unterlagen, die eventuell verlangt werden könnten (Pass, Führerschein, Zeugnisse usw.), haben Sie bei sich, außerdem einen Notizblock mit Schreibstift.

Damit haben Sie mental, inhaltlich und auch organisatorisch günstige Voraussetzungen geschaffen um das Bewerbungsgespräch erfolgreich zu bestehen. Indem Sie sich diese Stufen bewusst machen, gewinnen Sie eine größere Sicherheit für diese Gesprächssituation, die für Ihr weiteres Leben unter Umständen eine nicht unerhebliche Rolle spielt. Im Folgenden geht es nun um die rhetorische Vorbereitung.

Führen wir uns die Funktion von Bewerbungsgesprächen einmal vor Augen. Zunächst geht es doch darum,

- über Ihren bisherigen Werdegang und die erbrachten Leistungen Auskunft zu geben,
- die eigene Motivation und die wahrscheinliche Eignung für den angestrebten Beruf herauszustellen,
- sich als geeigneten Mitarbeiter darzustellen, mit dem man auch über die fachliche Qualifikation hinaus gerne zusammenarbeiten möchte,
- dem Personal- oder Firmenchef die Gewissheit zu geben, dass er, indem er Sie einstellt, die richtige Entscheidung trifft.

Ein Bewerbungsgespräch ist aber keine Einbahnstraße. Selbst wenn bei ungünstiger Lage auf dem Arbeitsmarkt der Personal- oder Firmenchef am längeren Hebel zu sitzen scheint, so bietet das Bewerbungsgespräch auch dem Bewerber die Chance, nicht nur sich selbst positiv darzustellen, sondern sich auch aus erster Hand über den künftigen Arbeitsplatz und die Arbeitsbedingungen zu informieren – er kann den Arbeitsplatz ablehnen, wenn er nicht seinen Erwartungen entspricht. Außerdem werden beim Bewerbungsgespräch auch die Ausbildungsvergütung oder das Gehalt sowie Urlaub, soziale Leistungen und Fortbildungsangebote besprochen. Von daher kommt es beim Bewerbungsgespräch darauf an, von sich aus Fragen zu stellen und durch Eigeninitiative das Gespräch auf die wichtigsten Punkte zu lenken.

Ähnlich wie bei der Podiumsdiskussion oder der Talkshow kennt der Bewerber den Gesprächsverlauf natürlich nicht im Voraus. Trotzdem kann er sich auf das Gespräch vorbereiten. Da der Gesprächsverlauf sehr stark durch Fragen gelenkt wird, kann sich der Bewerber auf die gängigen Fragen Antworten zurechtlegen, damit er in dem Gespräch nicht so leicht in Verlegenheit gerät. Mit den folgenden Fragen muss aber jeder Bewerber rechnen:

- Warum interessieren Sie sich für diesen Beruf? Wie haben Sie sich informiert?
- Was wissen Sie über diesen Beruf? Welche Vor- und Nachteile hat er Ihrer Meinung nach?
- Verfügen Sie über besondere Fähigkeiten oder Kenntnisse für diesen Beruf? Welche anderen Berufe könnten Sie sich noch für sich vorstellen?
- Haben Sie schon Erfahrungen mit der Arbeitswelt sammeln können (Ferienjobs, Praktika usw.)?
- Warum bewerben Sie sich gerade bei uns? Haben Sie sich bereits woanders beworben?
- Wie stellen Sie sich Ihren beruflichen Werdegang vor? Wie sieht ihr Berufsziel in fünf Jahren aus?
- Haben Sie außerhalb des Pflichtunterrichts an AGs teilgenommen oder in der SMV mitgearbeitet? Haben Sie den Eindruck, dass die Schule Sie ausreichend auf das Berufsleben vorbereitet hat? Welche Fächer haben Sie in der Schule besonders interessiert? In welchen Fächern hatten Sie Schwierigkeiten? Warum?
- Auf welche Fähigkeiten oder Eigenschaften sind Sie besonders stolz? Welche Ihrer negativen Eigenschaften wollen Sie noch verbessern?
- Was schätzen Sie besonders an anderen Menschen, was nicht? Arbeiten Sie lieber allein, zu zweit oder in einer Arbeitsgruppe?
- Haben Sie eine Krankheit, die den Einsatz in der vorgesehenen Tätigkeit beeinträchtigen könnte?
- Wie ist Ihr Verhältnis zu Eltern und Geschwistern? Wohnen Sie noch bei Ihren Eltern?
- Was machen Ihre Eltern beruflich? Wie stehen sie zu Ihrer Berufswahl?
- Welche Hobbys haben Sie? Sind Sie in einem Verein engagiert?
- Haben Sie Bundeswehr, Zivildienst, ein soziales Jahr abgeleistet?
- Verfolgen Sie das Zeitgeschehen? Welche Medien bevorzugen Sie zur Meinungsbildung? Wie schätzen Sie ... (aktuelles Ereignis) ein?
- (Wie) Haben Sie sich auf dieses Vorstellungsgespräch vorbereitet? Hat Ihnen der bisherige Gesprächsverlauf zugesagt? Wie, glauben Sie, haben Sie abgeschnitten?

Wie antworten Sie? Schreiben Sie die Fragen auf Karteikarten und notieren Sie sich auf der Rückseite stichwortartig Ihre persönlichen Antworten. Üben Sie dann, zu jeder Frage in einem zusammenhängenden Vortrag zu antworten.
Neben den genannten Fragen werden vereinzelt auch solche gestellt, die für den Bewerber problematisch oder sogar peinlich sein können und die – juristisch gesehen – schlicht unzulässig sind:

- Gehören Sie einer Partei, Gewerkschaft oder Bürgerinitiative an? Wenn ja, welcher?
- Haben Sie schon einmal an einer Demonstration/einem Streik teilgenommen?
- Sind Sie Mitglied einer Sekte?
- Ist in Ihrer Familie oder Ihrem Bekanntenkreis jemand vorbestraft oder überschuldet?
- Hatten Sie in der Pubertät größere Probleme? Haben Sie eine Freundin / einen Freund? Welche Verhütungsmethoden bevorzugen Sie?
- Werden Sie häufiger krank? Wie verhalten Sie sich eigentlich bei einer Grippe?

Wie reagieren Sie auf diese unfairen Fragen? Halten Sie Ihre Reaktion in Stichworten fest. Auch wenn Sie auf diese unverschämten Fragen nicht antworten müssen, sollten Sie darauf angemessen und souverän reagieren können. Denn keine Antwort ist auch eine Antwort!

Umgekehrt sollten Sie Fragen wie die folgenden von sich aus stellen:

- Wie viele Mitarbeiter/Auszubildende/Abteilungen hat die Firma?
- Wird die Ausbildung hier in der Firma oder überbetrieblich durchgeführt? Wo findet der Berufsschulunterricht statt? Wie lange dauert die gesamte Ausbildung? Wie ist die Ausbildungsvergütung geregelt? Gibt es auch außerhalb der Ausbildung Möglichkeiten der Fort- und Weiterbildung? Darf ich einmal den Ausbildungsplan einsehen?
- Wie sind die Chancen einer Weiterbeschäftigung nach abgeschlossener Ausbildung?
- Welche Einstiegsgehälter sind in dieser Tätigkeit bei Ihnen üblich?

Solche Fragen sollten Sie sich notieren und in das Vorstellungsgespräch mitnehmen. So zeigen Sie Interesse an Ihrem künftigen Arbeitsplatz. Je gezielter Sie fragen, desto offensichtlicher wird, dass Sie sich eingehend informiert haben – ein echter Pluspunkt für Ihre Bewerbung!

Dass Sie im Bewerbungsgespräch keine Falschaussagen machen dürfen, versteht sich von selbst. Lügen sind die schlechteste Grundlage für eine künftige Zusammenarbeit und können im Konfliktfall sogar zur fristlosen Entlassung führen. Rhetorisch gesehen ist es aber durchaus legitim, sich in ein positives Licht zu rücken und sich ein wenig aufzuwerten. Falsche Bescheidenheit wäre in einem Bewerbungsgespräch fehl am Platz.

Formulieren Sie die Gesprächsfetzen aus einem simulierten Bewerbungsgespräch so um, dass der Bewerber aufgewertet wird.

- »Ich bin seit drei Monaten Mitglied im Judoverein, aber so gut bin ich noch nicht, ich habe erst den gelben Gürtel.«
- »Im Computer-Raum in der Schule war es immer öde, zu zweit an einem Rechner arbeiten zu müssen und der Lehrer war eine Katastrophe. Deshalb bin ich über Grundkenntnisse in »Word« kaum hinausgekommen.«
- »Der Leistungskurs Mathematik war 'ne glatte Fehlbelegung. 7 Punkte sind ja alles andere als toll. Aber mehr war einfach nicht drin: Mathe liegt mir halt nicht.«

Neben inhaltlichen Fragen spielen auch gute Umgangsformen und die bewusste Wahrnehmung der eigenen Körpersprache beim Bewerbungsgespräch eine wichtige Rolle. Grundsätzlich gilt für Umgangsformen und Körpersprache: der besonderen Situation angemessen und dennoch so natürlich wie möglich! Auf einige Punkte sollten Sie besonders achten: Bei der Begrüßung sollten Sie den Händedruck erwidern, den Gesprächspartner mit seinem Namen ansprechen und Blickkontakt aufnehmen; setzen sollten Sie sich erst, wenn Sie dazu aufgefordert werden. Während des Gesprächs sitzen Sie in aufrechter, aber entspannter Haltung. In der Gestik öffnen Sie sich Ihrem Gesprächspartner, auch bei heiklen Punkten sollten Sie nicht durch Verschränken der Arme »mauern«. Verkrampfen Sie nicht: Mit einem Lächeln lockern Sie von sich aus die Atmosphäre. Wer sehr aufgeregt ist, neigt zu Verlegenheitsgesten: das Spielen mit den Haaren, das Zupfen am Ohrläppchen, das Nesteln an der Krawatte lässt sich vielleicht nicht ganz unterdrücken, es sollte aber Ihr Gegenüber keinesfalls ablenken von dem, was Sie zu sagen haben.

Gruppengespräche (oder Gruppentests) stellen eine besondere Form des Bewerbungsgesprächs dar, da es der Bewerber gemeinsam mit den Mitbewerbern, also den Konkurrenten, bestreiten muss. Dies erhöht fast möglicherweise den Stress, denn dieses Verfahren stellt für jeden Bewerber im Grunde eine Gratwanderung dar:

- Er soll Eigeninitiative und Führungsqualität zeigen, ohne andere zu dominieren.
- Er soll eigene Ideen und Lösungsvorschläge unter Beweis stellen, dabei aber auch die Ideen und Lösungsvorschläge der Mitbewerber ernst nehmen.
- Er soll sich als team- und kompromissfähig erweisen, sich dabei aber nicht von den anderen über den Tisch ziehen lassen. Kurz gesagt:
- Er soll kooperativ handeln und sich möglichst nicht davon beeinflussen lassen, dass es sich im Grunde um eine Konkurrenzsituation handelt, bei der vielleicht nur einer der Bewerber die Stelle erhält.

Da sich Gruppengespräche in der Form von Fall zu Fall sehr unterscheiden, sei hier nur eine allgemeine Maxime empfohlen: engagiert in der Sache, aufmerksam gegenüber den Mitbewerbern, überzeugt von den eigenen Fähigkeiten.

Ist bei der angestrebten Stelle vorrangig Teamfähigkeit gefragt, wird sich der geschickte Bewerber inhaltlich eher zurückhalten und innerhalb der Gruppe moderieren. Soll dagegen aus dem Kreis der Mitbewerber der genialste Kopf ausfindig gemacht werden, so werden sich die Konkurrenten inhaltlich natürlich weniger zurückhalten und jeder wird in der Gruppe für seinen Lösungsvorschlag werben.

Wie auch immer – das Gruppengespräch ist gerade für redegewandte oder rhetorisch erfahrene Bewerberinnen und Bewerber von Vorteil!

Worauf Personalchefs beim Bewerbungsgespräch achten

Neben den aus dem Zeugnis ersichtlichen Noten und den Bewerbungsunterlagen (Anschreiben, Lebenslauf usw.) spielen auch die folgenden Kriterien beim Bewerbungsgespräch eine wichtige Rolle:

- gepflegtes Äußeres, sicheres Auftreten,
- Freundlichkeit, Offenheit, Ehrlichkeit,
- Zuverlässigkeit, Pünktlichkeit,
- Sprechfertigkeit, angemessener Ausdruck,
- sichere Reaktion auf Unerwartetes,
- Problemlösungsdenken,
- Allgemeinbildung,
- fachliche Qualifikation, Eignung,
- Erfahrungen (fachlich wie im Umgang mit Mitarbeitern),
- Motivation, Leistungsbereitschaft, Belastbarkeit,
- realistische Vorstellungen von der künftigen Arbeit,
- passt in den Betrieb, ist als Mitarbeiter ein Gewinn.

Zu einer erfolgreichen Bewerbung gehört immer auch ein Quäntchen Glück, denn ein sympathisches Auftreten und persönliche Eigenschaften lassen sich kaum trainieren. Und auch der Arbeitsmarkt spielt natürlich eine Rolle …

Doch tatsächlich sind die Jahre der Staatsbildung der Take-off der ukrainischen kulturellen Autonomie. Dazu trug bei, dass die Bolschewiki diese förderten, um die junge Sowjetunion zu konsolidieren. Die 1920er Jahre erlebten so eine Periode atemberaubender Produktivität in der Volkskunst, der Malerei, der Graphik, der Buchgestaltung. Die sowjetische Avantgarde war maßgeblich von ukrainischen Künstlerinnen und Künstlern geprägt. Einen ähnlichen Aufbruch gab es auch in der Musik und vor allem in der Literatur. Die Literaten und Künstler verstanden sich als Repräsentanten einer ukrainischen Nationalkultur.

Diese Blüte war von kurzer Dauer. In der stalinistischen Sowjetunion wurde jede Regung kultureller und sprachlicher Autonomie unterdrückt und verboten. Hunderte Schriftsteller, Poeten und Künstler der „Ukrainischen Wiedergeburt" wurden erschossen, ihre Werke vernichtet, verboten und jahrzehntelang mit dem Mantel des Schweigens verhüllt. Und die Kommunistische Partei der Sowjetukraine war für diese Zerstörung der ukrainischen nationalen Kultur mitverantwortlich.

Seit der Unabhängigkeit ihres Landes im Dezember 1991 entdeckten die Ukrainerinnen und Ukrainer dieses kulturelle Erbe wieder. Dutzende Verlage entstanden und nahmen sich dieser Autoren und Künstler, Komponisten und Graphiker an. Sie gründeten Buchreihen und publizierten die Werke. Doch sie hatten einen schweren Stand. Der Markt für ukrainischsprachige Bücher war klein, die Kaufkraft gering. Die weite Verbreitung des Russischen in der Ukraine, die Dominanz von Konzernen aus Russland sowie illegale Buchimporte und Piraterie stellten für die ukrainische Verlagsbranche und die Filmindustrie ein erhebliches Problem dar. Das änderte sich mit zwei politischen Ereignissen. Die Orangene Revolution im Jahr 2004 war das Fanal für Widerstand und Selbstbehauptung. Der Euromajdan 2013 und die Annexion der Krim im Frühjahr 2014 waren die Zäsur. Seitdem ist in der Ukraine ein Bewusstseinswandel im Gange. Immer mehr Menschen verstehen die Bedeutung politischer und kultureller Selbstbestimmung. Das beschleunigte die Abwendung von Russland und beförderte den Aufschwung der ukrainischen Kultur. Davon profitierte auch der Buchmarkt. Doch unter den Bedingungen des Krieges ist die Lage schwierig wie nie zuvor.

Das Ziel des revisionistischen, neoimperialen Putin-Regimes ist es, die souveräne Ukraine zu zerstören, ihre Regierung zu stürzen und die Bevölkerung ihrer Freiheit und Selbstbestimmung zu berauben. Selbst unter permanentem Artilleriebeschuss finden in Charkiv oder in Zaporižžja Konzerte statt und werden Bücher gedruckt. Das ist kein Ausdruck von Heroismus oder Todesverachtung. Jeder Ton und jedes Buch ist ein Beitrag zur kulturellen Selbstbehauptung.

Berlin, Ende September 2022 *Manfred Sapper, Volker Weichsel*

Zusammenfassung

Dieses Kapitel hat gezeigt, wie unterschiedlich die einzelnen Redegattungen sein können. Wer erfolgreich reden möchte, muss sich die Eigenart der jeweiligen Gattung immer vor Augen halten. Denn schon bei der Vorbereitung und beim Ausformulieren des Textes, schließlich beim Reden selbst und bei der inneren Anteilnahme des Redners hat die Auswahl der Redegattung Konsequenzen für jede Rede.

So unterschiedlich diese Gattungen aber auch sein mögen, so haben sie doch immer das gleiche theoretische Bezugssystem: das Dreieck der Rhetorik. Mit rhetorischen Kenntnissen und Erfahrungen lassen sich alle angeführten Redesituationen leichter bewältigen und mit etwas Übung auch sicher meistern.

Trotz vieler Unterschiede ist gutes Reden möglichst immer

situationsangemessen (relevant)

Es ist für die Zuhörer plausibel, warum diese Rede zu diesem Zeitpunkt, an diesem Ort und vor diesem Publikum gehalten wird.

informativ und wahr

Das Gesagte ist sachlich richtig und im passenden Zusammenhang dargestellt.

verständlich

Die Rede ist für möglichst viele der Zuhörer im Hinblick auf Wortwahl, Satzbau, Informationsgehalt, Argumentation und Gliederung nachvollziehbar; schwierige Inhalte werden anschaulich dargestellt und wenn möglich visualisiert.

ästhetisch

Es ist ein Genuss, diese Rede zu hören. Sie ist sprachlich bewusst gestaltet und sie wird wirkungsvoll vorgetragen.

eindeutig im Sprechakt

Der Zuhörer kann Absicht und Botschaft des Redners klar erkennen.

überzeugend

Durch sachliche Kompetenz und persönliche Glaubwürdigkeit werden Zuhörer von der These des Redners überzeugt.

immer so lang wie nötig, am besten aber so kurz wie möglich

Die Dauer der Rede wird in dem Bewusstsein festgelegt, dass Zeit für die Zuhörer ein wertvolles Gut ist, mit dem verantwortungsvoll umzugehen jede Rednerin und jeden Redner in besonderem Maße auszeichnet!

Lösungsvorschläge zu den Übungs- und Arbeitsanregungen

Zu Seite 7

Peter: zu starke Ich-Orientierung (Note) → selbstständige Vorbereitung, Du-Orientierung
Franziska: zu starke Sachorientierung → Zeitkontrolle, Eingrenzung des Themas
Versicherungsreferent: Konkurrenz (Grillfest) zum Vortrag, geringe Relevanz und fehlende Voraussetzungen → Überprüfung der Zielgruppe und der Situation, evtl. eine pfiffigere Formulierung des Themas
Sabine: Auswendiglernen, verkrampfte innere Haltung → genauer auf die Frage achten, freier antworten, vermeintliche »Schwachstellen« im Lebenslauf nicht verdrängen, sondern positiv denken
Herr Habermann: unklare und damit unglaubwürdige Position → offenere Formulierung: »Wem die Kirche Halt gibt« oder »Die Kirche gibt vielen Halt«.
Autorin: stures Ablesen, fehlende Du-Orientierung → Technik des freien (einstudierten) Ablesens, Stimmschulung, Blickkontakt
Frau Sprudelmeier: zu starke Ich-Orientierung → zuhören und andere zu Wort kommen lassen
Architekt Chip: Sich-hinter-dem-Monitor-Verstecken, Redner im Vordergrund → Blickkontakt, Du-Orientierung
Ausbildungsleiterin Diepkow: persönlich nehmen und beleidigt zu reagieren, Flucht → souveränerer Umgang mit Kritik, direkte Antwort entweder schlagfertig (»Mit diesem Abschluss haben Sie auch beim Arbeitsamt die besten Chancen«), verständnisvoll (»Ich kann Ihre Enttäuschung verstehen, aber ...«), notfalls zurückweisend-offensiv (»Der Erfolg Ihrer Kolleginnen und Kollegen bestätigt doch ...«)

In Rhetorikkursen werden darüber hinaus häufig die folgenden Punkte genannt:

- zu schnell zu sprechen
+ Pausen machen (für den Zuhörer)
- stures Ablesen
+ Blickkontakt halten
- Schachtelsätze
+ einfache Sätze der gesprochenen Sprache
- Fremdwörter
+ Fremdwörter ersetzen oder erklären
- nachlässige Aussprache
+ langsamer Sprechen, Pausen machen
- einen den Zuhörern unvertrauten Dialekt
+ Mut zum Dialekt, wenn situationsangemessen
- Kleidung, die irritiert oder von der Sache ablenkt
+ angemessene Kleidung (aber Mut zum persönlichen Stil)

Zu Seite 24

Dreipunktegliederung z. B. Zustand, Ziel, Weg
Fünfpunktegliederung z. B. Interesse wecken ... oder Schilderung des Problems (mit Vorwegnahme eines Gegenarguments)
Ursachen und Anlass, Kriegsschuldfrage und Versailler Vertrag, Niederlage und Revolution (Dolchstoßlegende)

Zu Seite 26

Der Text rechts ist einfacher im Satzbau und besser strukuriert, daher verständlicher.

Zu Seite 27

Bei allen drei Themen muss auf den Punkt gebracht werden, was für die jeweilige Zielgruppe wesentlich ist.

Zu Seite 31

Da alle Stilfiguren in aktuellen Reden belegt sind, sind alle grundsätzlich verwendbar.

Zu Seite 52

Da faule Tricks nur funktionieren, wenn Sie von der anderen Seite nicht durchschaut oder akzeptiert werden, kann angesichts ihrer Verwendung die Antwort nur lauten: Aufklärung und Training im Entlarven fauler Tricks.

Zu Seite 55

Die ersten fünf Ratschläge sind eindeutig legitim, die letzten fünf Ratschläge sind als faule Tricks abzulehnen.

Zu Seite 56

Man darf auch persönlich werden, wenn die Glaubwürdigkeit der Person in einem direkten (kausalen, zeitlichen, örtlichen) Zusammenhang mit der zur Diskussion stehenden Sache steht; allerdings sind die Übergänge fließend.

Zu Seite 75

Hier sind Mehr-Zuordnungen denkbar, entscheidend ist, dass der Redner die Chancen der einzelnen Präsentationstechniken für seinen Vortrag auslotet.

Zu Seite 83

Die Plausibilität der Argumente hängt sehr stark ab von konkreten (emotionalisierenden) Vorkommnissen. Wer sich für ein Verbot von Kampfhunden ausspricht, wird diese in den Vordergrund seiner Argumentation stellen. Wer sich gegen ein Verbot ausspricht, tendiert eher zu allgemeinen und grundsätzlichen Argumenten.

Zu Seite 86

Durch die direkte Anrede des Abwesenden macht Cicero Catilina zum Objekt des Redners und der Zuhörer. Die rhetorischen Fragen beziehen die Zuhörer in seine Überlegungen mit ein. Indem die Verschwörung in allen Einzelheiten publik gemacht wird und damit offensichtlich gescheitert ist, nimmt er dem zaudernden Publikum die Angst. In einer Bescheidenheits-Attitüde ordnet er seine eigene Person der res publica unter.
Er zeichnet eine Horrorvision, die den Senatoren drastisch vor Augen führt, was ein Sieg Catilinas für Rom bedeuten würde. Um für die Verschwörer die härteste Strafe (Ermordung ohne Gerichtsurteil) fordern zu können, kehrt der die zentralen Be-

Fortsetzung zu Seite 86

griffe um: Wer Mitleid mit den Verschwörern zeige, sei unbarmherzig gegenüber dem Interesse Roms.
Er nimmt ein vermutetes Gegenargument (Konsul und Senat seien nicht stark genug) vorweg und widerlegt es, indem er die Stärke der eigenen Seite schildert.
Mit hohem Pathos beschwört er die besondere Situation, indem er Roms Geschichte und Tradition der aktuellen Gefährdung gegenüberstellt. Dabei werden Catilina und seine (vermeintlichen) Anhänger diskriminiert.
Er stellt sich als Vollstrecker des Senatsbeschlusses dar, während er in Wirklichkeit diesen Beschluss initiiert hat. Die Zuhörer werden häufig direkt angesprochen und im Sinne des »tua res agitur« wachgerüttelt. Die Entscheidung über die Ermordung Catilinas wird aber geschickt den Zuhörern anheim gestellt.
Die Sprache ist sehr anschaulich, nicht nur wenn er erzählt, sondern auch bei der Argumentation und beim Appell. Die einzelnen Botschaften ( ) sind eindeutig.
Ciceros Pathos wäre heutzutage zwar sicherlich ungewohnt, in besonderen Situationen aber durchaus vorstellbar; dies gilt wohl auch für die Schwarz-Weiß-Malerei. Da Prognosen, wie Reden in Zukunft gehalten werden, kaum möglich sind, ist nicht auszuschließen, dass gesellschaftliche Veränderungen eines Tages auch Reden in diesem oder einem ähnlichen Stil hervorbringen.

Zu Seite 90

Unabhängig vom jeweiligen Inhalt und der Parteizugehörigkeit hat jeder dieser Beiträge vermutlich deshalb starken Beifall erhalten, weil die Kontroverse deutlich zum Ausdruck gekommen ist. Im Einzelnen: Bei Gysi waren wohl die Schwarz-Weiß-Malerei bei dem stark emotionalisierenden Thema und die schnoddrige Redeweise Auslöser für den Applaus; Däubler-Gmelins Appell an die Zivilcourage erheischt offenbar durch seine Dringlichkeit und die plausible Argumentation unmittelbar Zustimmung; Loske und Merkel wurden wahrscheinlich für ihren Wortwitz mit Beifall belohnt, Gerhard für seine Offenheit in der direkten Kritik des Gegners. Stoiber erhält in dieser Passage wohl deshalb Applaus, weil er sich gegenüber der übergeordneten Institution als mutig profiliert und weil er etwas verspricht, was natürlich ganz im Interesse des Publikums ist.
Alle Beiträge sind stark auf Wirkung hin angelegt, der Übergang zum Populismus ist bei solchen Beiträgen fließend.

Zu Seite 100/101

Juristisch gesehen brauchen diese Fragen nicht beantwortet zu werden, weil sie unzulässig sind. Nur hilft es wenig, wenn Ihnen das Arbeitsgericht in diesem Punkt Recht gibt, denn der Arbeitgeber ist ja nicht gezwungen, Sie einzustellen.
Umgekehrt sollten Sie sich selbst die Frage stellen, ob Sie in einem Betrieb arbeiten wollen, in dem beim Bewerbungs-

Fortsetzung zu Seite 100/101

gespräch auf so unfaire Weise verfahren wird. Souveräne Antworten könnten etwa folgendermaßen ausfallen:

a) »Sie wissen ja, dass diese Frage in einem Bewerbungsgespräch nicht zulässig ist. Da mir aber von Anfang an eine vertrauensvolle Zusammenarbeit wichtig ist, will ich Ihnen offen sagen, dass ich die Mitgliedschaft in der Gewerkschaft durchaus für sinnvoll halte, weil ...«
b) »Wenn es so wäre, Herr X, dann spricht es doch für mich, dass ich weder das eine noch das andere bin.«
c) »Ich weiß nicht so recht, was dies mit der ausgeschriebenen Stelle zu tun hat. Ehrlich gesagt interessieren mich eher die Unfallverhütungsmaßnahmen in Ihrem Betrieb.«
d) »Meinem Lebenslauf können Sie ja entnehmen, dass ich aktiv Hochleistungssport betreibe. Das regelmäßige Training und meine Erfolge wären ja gar nicht möglich gewesen, wenn ich öfter krank wäre. Wenn bei einer Grippe das Fieber aber wirklich mal deutlich auf über 38 Grad steigt, dann halte ich es für vernünftiger, auch einmal im Bett zu bleiben um die Grippe möglichst schnell wieder auszukurieren.«

Im Regelfall ist die Frage nach Erkrankungen unzulässig. Im Hinblick auf die angestrebte Tätigkeit sind Ausnahmen aber erlaubt: So dürfen Bäcker und Friseure durchaus nach Exzemen an den Händen oder Radiologen – im Interesse der Bewerberin – nach einer vorliegenden Schwangerschaft fragen.

Zu Seite 101

a) »Das Judo-Training macht mir echt Spaß. Einerseits muss man fair und rücksichtsvoll miteinander umgehen. Andererseits zählen Geschicklichkeit, Geschwindigkeit und Kraft. Die Mannschaft hat mich auch so gut aufgenommen, dass ich schon nach drei Monaten die Prüfung für den gelben Gürtel ablegen konnte.«
b) »Die Arbeit am Computer ist mir in den Grundlagen vertraut: Ich kann formatieren, Texte kopieren und einfügen, Dateien speichern und Verzeichnisse mit Unterverzeichnissen anlegen. Da der Computerkurs in der Schule nicht so ergiebig war, habe ich mir das meiste an meinem eigenen PC zu Hause beigebracht – zum Teil mit dem Handbuch oder mit der Hilfe-Funktion. Sehr weit bin ich aber noch nicht gekommen, von daher wäre ich sehr an Fortbildungskursen im Computerbereich interessiert.«
c) »In Mathematik war ich nicht so erfolgreich wie in den anderen Fächern. Ich habe mir aber bei der Wahl des Leistungskurses gedacht, dass ich lieber das intensiver lernen sollte, was mir nicht so leicht fällt und was ich später im Beruf auch brauche. Mit Sport und Biologie als Leistungskurs hätte ich vermutlich bessere Noten bekommen, aber damit wäre ich dem Problem nur aus dem Weg gegangen. Und ein »Befriedigend« im Leistungskurs Mathe ist ja auch keine schlechte Note.«